Helmut Höncher
Helmut Blecher

WIR vom Jahrgang 1923

Kindheit und Jugend

Wartberg Verlag

Impressum

Bildnachweis

Archiv Helmut Blecher: S. 5–29, 32, 33, 37, 40–43, 46–50 (2), 53–56, 60 (2), 63;
Spielzeugmuseum Alsfeld, Fotos Helmut Blecher: S. 31 (2);
ullstein – AKG: S. 35;
ullstein – Roger Violet: S. 38;
© Cecilie Dressler Verlag GmbH, Erich Kästner, Emil und die Detektive, Cover, Illustration Walter Trier: S. 39
ullstein bild – Röhrbein: S. 44;
ullstein bild – SV Bilderdienst: S. 51;
ullstein bild: S. 58, 59, 62;
ullstein bild – Archiv Gerstenberg: S. 61

**Wir danken allen Lizenzträgern für die freundliche Abdruckgenehmigung.
In Fällen, in denen es nicht gelang, Rechtsinhaber an Abbildungen zu ermitteln, bleiben Honoraransprüche gewahrt.**

Spielzeug-Museum Alsfeld

Inh. Martina Lenth • Kirchplatz 9 • 36304 Alsfeld
Telefon 0 66 31/41 17 • Fax 0 66 31/91 97 74
E-Mail: spielzeugmuseum@vr-web.de • www.spielzeugmuseum-alsfeld.de

7. Auflage 2013

Gestaltung und Satz: Ravenstein und Partner, Verden
Druck: Druck- und Verlagshaus Thiele & Schwarz GmbH, Kassel
Buchbinderische Verarbeitung: Buchbinderei Büge, Celle

34281 Gudensberg-Gleichen • Im Wiesental 1
Telefon: 0 56 03/9 30 50 • www.wartberg-verlag.de
ISBN: 978-3-8313-1623-6

VOR-
WORT

Liebe 23er!

Wir wurden in eine verrückte, entfesselte Zeit hineingeboren, die man oft als die „Goldenen" Zwanziger Jahre bezeichnete. Doch das galt wohl nur für den kulturellen und künstlerischen Aufbruch in der Reichshauptstadt Berlin. Wir Kinder, die in den Dörfern und Städten aufwuchsen, erlebten die Veränderungen, die sich zwischen den untergehenden Traditionen und den aufkeimenden Neuerungen anbahnten, nur sehr unbewusst. In der bäuerlichen oder kleinbürgerlichen Enge spielte das Gefühl von Geborgenheit in einer Heimat, die oft nur bis zur nächst größeren Stadt reichte, die tragende Rolle in unserer Kindheit. Das kommende Ungemach, das über uns und unsere Eltern in den Zeiten der Weltwirtschaftskrise und der politischen Umwälzungen hereinbrach, war zunächst noch ein Spiel für uns. In der HJ und im BdM wurden wir zu körperlicher Tüchtigkeit und kämpferischer Gesinnung erzogen, um den kommenden Aufgaben als „Herrenmenschen" im „Tausendjährigen Reich" auch gerecht zu werden. „Flink wie Windhunde, zäh wie Leder und hart wie Kruppstahl" sollten die Jungen sein, und „zukünftige Trägerinnen der Nation" sollten die Mädchen werden. Kaum einer von uns konnte sich der großen Vereinnahmung in der von Rassenwahn geprägten „Volksgemeinschaft" entziehen, die im Terror und Krieg schließlich unterging. Wir waren Opfer und Täter zugleich, und dennoch gab es kleine Fluchten, um uns vor den Verpflichtungen, die uns die „Vorsehung der Geschichte" auferlegte, zu drücken. Dieses Buch will kleine Geschichten erzählen, die von den kleinen Freuden und Sorgen in unserer Kindheit und Jugend handeln, ohne die großen Ereignisse, die uns beeinflussten, unberücksichtigt zu lassen.

H. Höncher

Helmut Höncher

Vom Hunger zur Hoffnung auf bessere Zeiten

1923–1925

Das 1. bis 3. Lebensjahr

Geboren in Hunger und Not

Wir Kinder des Jahrgangs hatten wahrhaft keinen hoffnungsfrohen Start ins Leben, obwohl unsere Eltern „Millionäre" waren. Unsere Mütter empfingen uns per Hausgeburt zu einer Zeit als die Ernährungssituation äußerst kritisch war und die enorme Preisinflation zu einem rapiden Kaufkraftverfall führte. So war es kein Wunder, dass unser Erscheinen in einer aus den Fugen geratenen Welt nicht mit überschwänglicher Freude begrüßt wurde. Selten waren wir Einzelkind oder gar Wunschkind. Fünf Kinder und mehr waren in den meisten Familien die Normalität. Unsere Väter waren nach dem Krieg damit beschäftigt wieder Fuß zu fassen, und unsere Mütter hatten vollauf damit zu tun uns irgendwie durchzufüttern. Da konnten wir Neugeborenen weder eine Sonderbehandlung noch eine übermäßig große Zuwendung erwarten. Wir wurden gestillt, mit primitiven Gummischnullern ruhig gestellt, und mit den Lebensmitteln gefüttert, die der eigene kleine Garten oder die Nebenerwerbslandwirtschaft in den ländlichen Regionen hergaben. Der Wäschekorb, in dem man uns zunächst ablegte, wurde von den Vätern immer öfters zweckentfremdet benutzt, da sie körbeweise Geld verdienten. Die Notenpressen liefen auf Hochtouren, um mit der rasanten Geldentwertung Schritt halten zu können. Ein Kilogramm Roggenbrot kostete am 26. November 1923 470 Milliarden Mark und ein Liter Vollmilch 280 Milliarden Mark. Kartoffeln, immer wieder Kartoffeln, wurden zum Haupt-

Chronik

11. Januar 1923
Französische und belgische Truppen besetzen das Ruhrgebiet, um ein Faustpfand für die Reparationszahlungen zu haben. Die Reichsregierung propagiert im Gegenzug den „passiven Widerstand". Es kommt zu Streiks, Sabotageakten und Anschlägen auf die Besatzer.

23. Februar 1923
Im Berliner Sportpalast findet das zehnte Sechs-Tage-Rennen statt.

9. November 1923
Der Marsch Hitlers und seines Anhangs zur Feldherrenhalle in München wird von der bayerischen Landespolizei unter Gewaltanwendung gestoppt. Der gescheiterte Putsch wurde von Hitler später jährlich mit makabrem Pomp gefeiert.

23. Juni 1924
Der Massenmörder Fritz Haarmann wird in Hannover gefasst. Nach und nach gestand er 24 Morde.

8. August 1924
In Berlin nimmt die erste elektrische S-Bahn ihren Betrieb auf.

12. Oktober 1924
Der Zeppelin LZ 126 legt nach einer Flugzeit von 81 Stunden am Landemast von Lakehurst an. Die erste Ozeanüberquerung war die längste und zugleich kühnste Fahrt, die je ein Luftschiff unternommen hatte.

2. Dezember 1924
In Berlin wird die erste Funkausstellung eröffnet.

25. Dezember 1924
Der Schlager des Jahres ist „Warte, warte nur ein Weilchen" von Walter und Willi Kollo.

28. Februar 1925
Friedrich Ebert, der erste Reichspräsident der Weimarer Republik, stirbt im Alter von 54 Jahren.

12. Mai 1925
Im Plenarsaal des Reichstages legt der ehemals königlich-preußische Feldmarschall Paul von Hindenburg als neu gewählter Reichspräsident den Eid auf die Verfassung ab.

Bürgerliche Idylle für den Fotografen. Noch ahnten wir Nachkriegskinder nicht, welche bewegten Zeiten uns erwarteten.

nahrungsmittel. Die Lebensmittelknappheit, die besonders in den Großstädten enorm wuchs, ließ die Notlage vieler Familien immer weiter steigen. Rund 50 Prozent der Kinder waren nach Erkenntnissen des Reichsgesundheitsamtes bereits im Februar 1923 unterernährt. Staatliche Volksspeisungen und die von Kirchen und privaten Hilfsorganisationen unentgeltlich ausgegebenen Mahlzeiten linderten nur etwas die größte Not.

Von der Wiege zum Gemeinschaftsbett

Schmalhans war in den meisten Familien Küchenmeister. Bei den Arbeiterfamilien sowieso, die anders als die bürgerliche Mittelschicht kein Geldvermögen besaßen, das wäh-

Die Stimmung hellte sich auf, wenn wir in den Sommermonaten Auslauf hatten.

rend der Inflationszeit buchstäblich verbrannt wurde. Wir, die wir frisch in eine aus den Fugen geratene Welt hineingeboren wurden, hatten anfangs wenigstens ein Einzelbett. Unsere älteren Geschwister schliefen zu zweit oder zu dritt in einem Bett. Zwar war das meistens eine betagte Wiege, in der schon unsere Großeltern schliefen oder ein klappriger Kinderwagen, der auch nachts unsere Schlafstatt war. Die Kinder, die auf dem Land, in den Dörfern und Kleinstädten aufwuchsen, waren nicht so stark von dem Wohnungselend betroffen, wie die in den Großstädten, wo der Wohnungsbau nicht mit dem Zuzug der Bevölkerung Schritt hielt. Meistens spielte sich das gesamte Familienleben in zwei Räumen ab. Selbst in der Nacht war Ruhe kaum möglich, immer störte einer den anderen. Oft mussten die später zu Bett gehenden Familienmitglieder über die bereits Schlafenden hinwegsteigen. Wenn einer von uns zahlreichen Kindern krank wurde – Einzelkinder, die ihr eigenes Zimmer hatten, gab es ausgesprochen selten – sah die Sache noch schlimmer aus. Zwar wurden wir als die Kleinsten bevorzugt behandelt, doch unsere Mütter konnten nur sehr wenig Zeit für uns erübrigen. Jede Stunde, die wir in unserem frühen Leben möglichst geräuschlos verschliefen, war ein Segen für unsere gestressten Mütter oder älteren Geschwister, die schon früh in die Rolle als Ersatzmütter gedrängt wurden. In den Zwanziger Jahren war der Unterschied zwischen den Heimen der Wohlhabenden und den Unterkünften der Mittellosen schlichtweg atemberaubend.

Das erste Spielzeug

Bauklötzer, Schaukelpferd und Brummkreisel, Stofftiere und Puppen, gehörten in den Bürgerhäusern zur Grundausstattung der frühkindlichen Sozialisation. Doch Platz zum Spielen hatten nur wenige Kinder. Oft fehlte unseren Eltern das Geld oder auch die Motivation uns mit Spielzeug zu bedenken. Glücklich konnte sich schätzen, wer ein kleines Pferdchen bekam oder einen Teddy. „Morgen, Kinder, wird's nichts geben, nur wer hat, kriegt noch geschenkt, Mutter schenkte uns das Leben, das genügt, wenn man's bedenkt", dichtete Erich Kästner. Und so mussten die Jungens sich mehrheitlich mit Holzspielzeug oder einem Steinbaukasten zufrieden geben. Die Mädchen konnten sich oft nur mit einer Flickenpuppe, die aus dem Fundus der Großeltern stammte, beschäftigen. Für manche gab es schon eine Bakelit-Puppe mit beweglichen Gelenken. Doch nur

Auch wenn der Vater uns noch auf dem Schaukelpferd festhalten musste, so machten wir doch „hoch zu Ross" eine gute Figur.

selten hatten wir die Möglichkeit zum Spielen mit richtigem Spielzeug. Wenn wir auch zuweilen Dinge geschenkt bekamen, die unsere Eltern angefertigt hatten, wie ein aus Kistenholz zusammengebauter Bauernhof, samt Kühe, Schafe und Hühner aus Ton, hatten wir doch nur selten Platz in den engen Wohnungen, um uns ständig an den Anblick dieses Miniaturhofes erfreuen zu können. Immer im Blickfeld der Mutter – im Kinderwagen oder Laufstall in der Wohnküche abgestellt – waren wir von Anfang an in den Alltag unserer Eltern eingebunden. In den Sommermonaten gab es wenigstens Licht und Wärme im Freien. Auf der Straße, in Hinterhöfen oder in Gärten verfolgten wir mit wachen Augen das Treiben unserer älteren Geschwister, die die Verpflichtung auf uns aufpassen zu müssen mit Spielfreizeit verbanden.

„Wir versaufen unser Oma ihr klein Häuschen ..."

1923 verzehrt die Inflation Vermögen und Sparguthaben der Deutschen. Die Löhne zerrinnen in Nichts und die Existenz wird zum Glücksspiel. Mit der französisch-belgischen Besetzung des Ruhrgebiets und der Ausrufung des passiven deutschen Widerstandes, der Unsummen verschlingt, beginnt 1923 die letzte Phase der Markentwertung. Städte, Fabriken, Handelsunternehmen drucken ihr eigenes Geld, „Notgeld" genannt. Eine illustrierte Zeitschrift kostet am 8. Juli 1923 1500 Mark, drei Monate später 200 000 Mark und vier Monate später 50 Milliarden. Briefmarken werden ohne Ziffern gedruckt. Der Schalterbeamte schreibt den jeweils aktuellen Wert auf die Frankatur. Kennzeichnend für die Situation in einer vom Tanz der Nullen aus dem Gleichgewicht geratenen Zeit ist der viel besungene Kölner Karnevalsschlager: „Wir versaufen unser Oma ihr klein Häuschen. Und die erste und die zweite Hypothek." Industrielle aber machen aus Papier Gold. Hugo Stinnes baut sein Industrieunternehmen zu gewaltiger Größe aus. Am 15. November 1923 – ein Dollar entspricht 4,2 Billionen Mark – wird mit der Ausgabe der Rentenmark begonnen. Fortan kostet ein Dollar nur noch 4,20 Mark. Obwohl nur als Übergangswährung gehandelt, erfreut sich die neue Rentenmark bald der Akzeptanz als Zahlungsmittel. Die Währungsreform ist gelungen.

Inflationsschein

Matrosenanzug und Schürzenkleidchen waren die Standardbekleidungsartikel – auch für die kleinsten Kinder.

Organisieren und sammeln

Auch wenn die Lebensmittelmisere 1924 allmählich bewältigt wurde, war die Not noch groß und somit auch die Notwendigkeit unserer Eltern unablässig die Dinge zum Leben zu organisieren und zu horten. Viele Familien hatten eine kleine Gartenfläche, wo alles an Gemüse, Obst und Kartoffeln gezogen wurde, was man zum Leben brauchte. In einem Hinterhofstall mästete man mit Kartoffeln und Kleie Schweine, Ziegen stellten die Milchversorgung sicher und Hühner legten uns die Eier, die wir als Tauschobjekt für andere Dinge des täglichen Bedarfs einsetzen konnten. In manchen Kellern und Waschküchen stand sogar eine Brotbackmaschine, die uns ständig frisches Roggenbrot lieferte. Wenn Schlachttag war, ging es in den Hinterhofmetzgereien hoch her. Zu unserem Entsetzen vernahmen wir das markerschütternde, herzzerreißende Quietschen, der sich in blanker Todesangst windenden Schweine. Die aus ihnen gewonnenen Würste, der Schinken und Speck, wurde anschließend zum Räuchern gebracht. So genannte „Rauches" kannte man in jedem Dorf. Kühlschränke gab es noch nicht und Eiskästen waren noch eine Seltenheit. Man lagerte die Vorräte in Speisekammern und im Keller ein. In den Städten kauften die Mütter Obst und Gemüse auf den Wochenmärkten ein oder besorgten sich zentnerweise Kartoffeln, Möhren und Winteräpfel direkt bei den Bauen im Umland, die preiswert und frei Haus ihre Ernteartikel mit dem Pferdefuhrwerk anlieferten. Geheizt und gekocht wurde hauptsächlich mit Holz, das im Hinterhof klein gehackt und gestapelt wurde. Braunkohle-Briketts waren sehr teuer, so dass man sie nur sehr sparsam verwendete. Milch, Haferschleim, passiertes Gemüse, Apfelmus und manchmal auch eine zerdrückte Banane, bildete in unseren ersten Lebensjahren, die wir in zerschlissenen Windeln, aufgetragenen Strampelhosen und sich verfärbenden Baumwollhöschen verbrachten, unsere Hauptnahrungsmittel. Für unsere Anziehsachen waren die Großmütter zuständig. Unermüdlich strickten und häkelten sie den Nachschub an Wollsocken, Schürzen, Röckchen oder stopften und flickten die Kleidung solange, bis sie sich aufzulösen begann.

Das Verkaufspersonal wartete in diesem bestens aufgeräumten und gut sortierten Lebensmittelladen auf Kundschaft.

Im „Colonialwarenladen"

Eine faszinierende Welt erwartete uns, wenn wir mit unseren Müttern auf Einkaufstour gingen. Mit großen Augen guckten wir aus unseren knarrenden und quietschenden Kinderwagen. Brot gab es beim Bäcker um die Ecke. Milch wurde mit der Milchkanne geholt. Wenn der von einem Pferd gezogene Milchwagen kam, wurde die Milch per Literschöpfer aus großen Kannen geschöpft. Beim Fleischer standen Fleisch-, Blut- und Leberwurst auf der Einkaufsliste, die war billig und brachte uns etwas Fett auf die mageren Rippen. Während die Bäckereien und Fleischereien karg und nüchtern ausgestattet waren, gab es im „Colonialwarenladen" viel zu sehen und zu kaufen. Alles was man für den Haushalt brauchte, also nicht nur Lebensmittel, gab es hier zu kaufen. Unter einem abgesonderten Tisch stand ein Heringsfass, ein Sauerkrautfass und verschiedene Eimer, während obendrauf die Handschneidemaschine für den Käse stand. Alle Nährmittel, wie Mehl, Zucker, Gries, Reis, Linsen, holte man aus entsprechenden Schubladen. Eine alte Waage aus Gusseisen mit vielen Gewichten und mit Einstellgriffen für spitze und eckige Tüten, die mit der Hand oder einer Schaufel nach Wunsch gefüllt wurden, befand sich auf der großen Verkaufstheke. In Regalen und Kisten lagerten diverse Blechdosen, Waschpulver der Marken „Persil" oder „Sunil" sowie „Sidol"-Putzmittel und „Kurzwaren" wie Schnürsenkel, Knöpfe, Nähgarn und Twist. Auf dem Boden befanden sich in großen Säcken Mehl, Zucker und Salz. Die gewünschte Menge wurde in eine Metallschüssel gegeben, gewogen und anschließend mit einer Holzschaufel in eine Papiertüte befördert. Gurken schwammen in kleinen Fässern, Petroleum gab es in der Nachfüllkanne, Senf wurde aus einem Tonkrug gezapft. Dafür mussten unsere Mütter ein Glas oder ein Kaffeetasse mitbringen, ebenso wie für Essig und Öl, die aus großen Flaschen abgefüllt wurden. Für Sauerkraut wurde eine Schüssel mitgenommen. Auch Malzkaffee gab es lose. Bohnenkaffe war der reinste Luxus und wurde daher nur sehr selten gekauft. Selbstverständlich gehörten auch Töpfe und Pfannen und sonstige Haushaltsgeräte zum Sortiment eines „Colonialwarenladens". Leuchtende Augen bekamen wir beim Anblick des großen Bonbonglases, das uns von der Verkaufstheke aus anlächelte. Zwar ignorierten unsere Mütter meistens unsere begehrlichen Blicke, den freundlichen Ladeninhabern oder den Verkäuferinnen jedoch blieben sie nicht verborgen. Mit einem Augenzwinkern drückten sie uns einen Bonbon in die Hand. Schon aus diesem Grund waren wir stets darauf erpicht, von unseren Müttern zum Einkaufen mitgenommen zu werden.

Badespaß im Holzzuber

Badetag war in den meisten Familien am Freitag oder am Samstag. Ansonsten wusch man sich in einer Porzellan- oder Emailschüssel. Warmes Wasser befand sich einem großen Kessel, der auf dem immer unter Feuer stehenden Küchenherd stand. Im Badezimmer – sofern eines vorhanden war – wurde der Ofen mit Holz und Kohle angeheizt, dann stürzte man sich einer nach dem anderen ins warme Nass. Die Kinder waren zuletzt dran, und wir Jüngsten konnten dann unter Aufsicht und Hilfestellung unserer Mütter für ein paar Minuten ordentlich plantschen. Ein echtes Privileg

Während die Wäsche auf der Leine trocknete, nahmen wir gerne ein erfrischendes Bad in der großen Blechwanne.

war es, wenn jedes Kind eine frisch gefüllte Wanne bekam. In den meisten Wohnungen gab es kein Badezimmer. Ein riesiger Holzzuber wurde vom Dachboden oder aus dem Keller in die Küche geholt und abwechselnd mit heißem und kaltem Wasser gefüllt. Das unverrückbare Recht auf das frische Bad hatten die Eltern. Für uns Kinder wurde das Wasser nicht ausgetauscht, sondern es wurde je nach Bedarf noch etwas heißes Wasser hinzugeschüttet. Wir als die Nesthäkchen bekamen eine Extrawurst. Jeden Tag wurden wir in einer kleinen Holzwanne gebadet und gereinigt. Unsere Mütter schütteten einen Topf heißen Wasser in die Wanne, das solange mit kaltem Wasser vermischt wurde, bis es „handwarm" war, um dann zur ungeliebten gründlichen Reinigung von Kopf bis Fuß zu schreiten. Nur widerwillig ließen wir das über uns ergehen. Während wir frisch gewaschen und gepuderte Nackedeis aufs Einkleiden warteten, benutzten unsere Mütter den noch auf dem Herd vor sich hinbrutzelnden großen Kochtopf, um unsere kratzenden und schon ziemlich zerschlissenen Baumwollwindeln auszukochen. Für die Älteren war das tägliche Wechseln der Wäsche unüblich, da man meistens nur zwei oder drei Garnituren besaß und die schwere, bockige Unterkleidung nur bei der großen Wäsche in der Waschküche effektiv gereinigt werden konnte.

In einem Dachgeschoss beginnt der Rundfunk in Deutschland

Am 29. Oktober 1923 erschallt zum ersten Mal der Ruf in den Äther: „Hier Sendestelle Berlin, Vox-Haus, Welle 400". Im Gebäude der Schallplattenfirma meldet sich pünktlich um zwanzig Uhr für etwa 200 Hörer der Stadt (mehr Apparate gibt es noch nicht) die „Funkstunde Berlin". Das Programm besteht in der Hauptsache aus Tanzstücken, ausgeführt vom Etté-Tanzorchester. Am 3. November wird ein Kabarettprogramm vorgeführt, das von dem Berliner Kabarett „Die Rampe" bestritten wird. Am Ende eines jeden Abends wird das Deutschlandlied gespielt, und zwar durch Verwendung einer Vox-Platte. In kürzester Zeit wird das Programm mit Nachrichten, Vorträgen und Konzerten ausgebaut. Am 2. Januar 1924 wird der erste zaghafte Versuch einer Opernübertragung (Garten-Akt aus „Margarethe") gewagt. Und am 18. Januar ist sogar eine ganze Operette an der Reihe, das vom Thalia-Theater ins Vox-Haus übertragen und durch den Sender drahtlos verbreitet wird. Gegeben wird Lehars „Frasquita" unter der Leitung des Komponisten. Nur ein Mikrofon steht für die Aufnahme zu Verfügung. Bis zur ersten wirklichen Opernübertragung dauert es noch fast ein Jahr, als am 8. Oktober 1924 die „Zauberflöte" aus der Staatsoper Berlin übertragen wird.

Immer eine Gaudi: Sommerfrische im Ausflugslokal.

Sonntags gehörten die Eltern uns

Frische Luft wurde allseits geschätzt. Raus ins Grüne lautete am Wochenende die Devise, vor allem bei der arbeitenden Bevölkerung. Unsere Väter arbeiteten bis Samstagmittag und unsere Mütter, die immer öfters dazu gezwungen waren, ein paar Mark dazuzuverdienen, verdingten sich als Zugehfrau, Kartoffelschälerinnen oder Putzfrauen. Für sie war der Sonnabend der schlimmste Tag, mussten sie doch jetzt all die Dinge erledigen, die während der Arbeitstage liegen geblieben waren: Waschen, Putzen, Nähen, Flicken, Vorkochen und mehr. Und wenn der Sonntag kam, hatten sie auch wenig Zeit zur Muse. Zuerst mussten sie den Rucksack mit den Utensilien für den Ausflug packen, die Wanderflasche mit schwarzem Tee füllen, Brote mit Käse und Wurst belegen, um im Strandbad, auf der grüne Wiese oder in der Laubenkolonie für unseren unentwegten Hunger gewappnet zu sein. Besonders freute es uns, wenn wir Rast in einem Ausflugslokal machten, wo es Vanilleeis für 5 Pfennig gab. Die schlechte Fabrikluft, den Mief der engen Wohnungen und die Tristesse der Hinterhöfe hinter sich zu lassen, bedeutete für uns jedenfalls immer einen Riesenspaß. Befreit von Windeln und Strampelhosen, fühlten wir uns einfach gut. Wir tollten auf Blumenwiesen herum, buddelten mit Stöckchen Löcher in Erd- und Sandböden und plantschten vergnügt im Wasser – sofern es an einen Badesee ging. Ohne Schelte konnten wir auf den Rücken unserer Eltern herumturnen und unsere Geschwister mit Sand bewerfen Und wenn die Sonne es noch gut mit uns meinte, war die Stimmung auf ihrem Höhepunkt angelangt. Leider viel zu schnell brach der Abend herein und es ging schließlich wieder nach Hause. „Wie herrlich ist es, nichts zu tun und von dem Nichtstun auszuruh'n!", dichtete Heinrich Zille. Das traf mit Sicherheit auf die Erwachsenen – speziell unsere Väter zu – wir Kinder hatten an Sonntagen hingegen immer viel zu tun: Wir entdeckten die Welt!

Schaukelpferd und Käthe-Kruse-Puppe

Für uns Jungen war das Schaukelpferd das typische Spielzeug. In fast jeder Familie gab es Exemplare aus gestrichenem Holz, auf denen schon unsere Väter mit Säbel, Helm und Trommel ihre kindlichen Attacken ritten. Meistens blieben uns solcherlei Utensilien erspart. Entweder waren sie nicht mehr vorhanden oder für solcherlei Schnickschnack war einfach kein Geld da. Überhaupt mussten wir auf etliches, heiß begehrtes Spielzeug, wie einen Tretroller, verzichten. Dafür wurden wir von unseren Geschwistern in unseren Kinderwagen oder ratternden Leiterwagen mit eisenbereiften Rädern durch die die Straßen

Kinderglück pur: Der Teddy für den Jungen, die Puppe für das Mädchen.

und Wege der Nachbarschaft gezogen. Meistens spielten sich unsere ersten Lebensjahre in der Wohnküche oder in dunklen Hinterhöfen ab, wo wir das Treiben der älteren Kinder beobachteten. Wir waren schon sehr früh daran gewöhnt, uns selbst beschäftigen zu müssen. Auf dem Land waren die Haus- und Nutztiere Objekte unserer Neugier und unseres Spieltriebs. Das einzige Spielzeug, das sich neben dem Schaukelpferd bewegen ließ, war ein Hampelmann aus Holz. Wenn unsere Mütter und Geschwister an dem Seil zogen und sich die Gelenke zackig auf und ab bewegten, verfolgten wir die Aktion mit wachen Augen. Die füllten sich allerdings schnell mit dicken Tränen, wenn wir immer wieder mit dem Lied vom „Bi-Ba-Butzemann" in Angst und Schrecken versetzt wurden. Während das Schaukelpferd an die Jungen ging, war oft die Käthe-Kruse-Puppe aus der Vorkriegszeit das Lieblingsobjekt der Mädchen. Natürlich bekamen die Mädchen auch neue Puppen geschenkt. Schildkrötpuppen mit einem Bakelitkopf machten die Mädchenherzen ebenso an wie Puppen, die Echthaar hatten und „Mama" sagen konnten. Stolz führte man sie im kleinen Korbwagen oder im großen „Heiawagen" aus. Für die komplette Ausstattung sorgte die Nähkunst der Mütter und Großmütter. Zum Lieblingsspielzeug für Jungen und Mädchen wurde der Steiff-Teddy, der natürlich nur in den wirtschaftlich besser gestellten Familien Eingang fand. Wenn unsere Eltern für arme Kinder Spielsachen hergaben, trennten wir uns leichten Herzens von allen Spielsachen, aber nur sehr ungern von unseren Puppen und Teddys. Dieser Abschied bereitete uns immer heftigen Seelenschmerz.

Die Frauenbewegung in der Weimarer Republik

Die Novemberrevolution 1918 beschert den Frauen grundlegende Verbesserung in der gesellschaftlichen Stellung der Frau. Die Frauen erhalten das Wahlrecht, die gesetzliche Gleichberechtigung mit dem Mann, das uneingeschränkte Koalitionsrecht und den Achtstundentag. „Nun begann ein neues Leben", frohlockt die radikale Frauenrechtlerin Lida Gustava Heymann. Doch die Freude hält nicht lange an. Den Ministern aus den Reihen des nationalen Lagers ist die Frauenarbeit ein Dorn im Auge. Kennzeichnend für die Stellung der Frau im Erwerbsleben der Weimarer Republik ist die krasser werdende Benachteiligung in der Entlohnung, in der Erwerbslosenunterstützung und der Arbeitszeit. Gestützt auf die Arbeitszeitverordnung vom 12. Dezember 1923, nützen die Unternehmer die Möglichkeit Überstunden zu fahren weidlich aus. Nach Feierabend kommen auf die Frauen dann noch eine Menge Hausarbeit zu, so dass sich die Arbeitszeit schnell auf 18 Stunden ausdehnt. Durch die hohe Arbeitsbelastung und mangelhaften Arbeitsschutz erkranken viele Frauen.

Ein besonders düsteres Kapitel ist das Abtreibungsverbot, das besonders Frauen aus den untersten Schichten betrifft. Zwischen 1919 und 1932 werden 60 000 Frauen wegen Abtreibung verurteilt. Hunderte müssen für ihre Verzweiflungstat ins Zuchthaus.

Normalität leben zwischen Kindergarten und Einschulung

1926–1928

Das 4. bis 6. Lebensjahr

Waschtag und Großreinemachen

Unsere Mütter waren ständig beschäftigt, mit Putzen und Kochen und unserer Erziehung, die sie aus Zeitgründen meistens an die älteren Kinder delegierte. Wenn der große Waschtag anstand, bereiteten schon am Vorabend die Väter, die ja von technischen Dingen angeblich mehr verstanden, die Feuerstelle unter dem großen Waschkessel vor. Über lose zusammengeknülltes Zeitungspapier wurden dünne Holzspäne gelegt, dann zwei bis drei dickere Scheite und schließlich Kohle. Schon am frühen Morgen stand die Waschküche, die sich in den Mietskasernen der Städte in einem separaten Kellerraum befand, mächtig unter Dampf, von dem wir uns ebenso gerne einhüllen ließen, wie von dem nicht gerade gesundheitsfördernden Dampf der Lokomotiven, der uns auf Eisenbahnbrücken oder an Bahnschranken empfing. Unsere Mütter schleppten die schmutzige Wäsche körbeweise heran, die dann mit einem großen Holzlöffel ins heiße Wasser gedrückt, umgerührt und unter Hinzugabe von „Persil"-Waschpulver eingeweicht wurde. Anschließend wanderte die Wäsche klatschend in einen Holzzuber, wo sie mit Hilfe von Bleichsoda oder selbst hergestellter Seife über einem hölzernen Waschbrett mit Metallstegen so lange bearbeitet wurde, bis sie sauber war. In manchen Waschküchen gab es schon eine Wäschemangel mit Handkurbel, die unseren Müttern das anstrengende Auswringen ersparte. Zum Trocknen wurde die Wäsche im Freien oder auf den Dachbö-

Chronik

14. Januar 1926
Erstmalig tritt Josephine Baker mit ihrem berühmten Bananentanz in Berlin auf.

12. Mai 1926
Umberto Nobile überfliegt im Luftschiff „Norge" gemeinsam mit Roald Amundsen den Nordpol, drei Tage nach dem Amerikaner Richard Evelyn Byrd.

23. August
Der italienische Stummfilmstar Rudolph Valentino stirbt an einer Bauchfellentzündung. Die öffentliche Anteilnahme, die die Nachricht von seinem Tod hervorruft, kennt in der Stargeschichte nicht ihresgleichen.

10. September 1926
Deutschland findet Aufnahme in den Völkerbund. Damit verbessert sich die deutsche Position in der internationalen Politik

20./21. Mai 1927
Charles Lindbergh überfliegt im Alleinflug als erster nonstop den Atlantik in 27 Stunden von New York nach Paris.

10. August 1927
Die amerikanischen Gewerkschafter Sacco und Vanzetti werden trotz zahlreicher Protestaktionen in der ganzen Welt zum Tode verurteilt.

1. Januar 1928
In Deutschland liegt die Zahl der Rundfunkteilnehmer bereits über zwei Millionen.

24. Mai 1928
Absturz des Luftschiffes „Italia" bei seinem Nordpolflug. Nobile und neun weitere Expeditionsmitglieder werden auf eine Eisscholle geschleudert. Bei der Rettungsaktion mit einem Wasserflugzeug ist der Südpolentdecker Roald Amundsen verschollen.

21. August 1928
Unterzeichnung des Young-Plans in Den Haag; Deutschland soll bis 1988 34,5 Milliarden Goldmark an Reparationen zahlen.

30. August 1928
Uraufführung der „Dreigroschenoper" von Bertolt Brecht/Kurt Weill in Berlin. Sie ist eine Oper neuen Stils mit amüsanter Story, dramatischen Szenen und vielen Hit-Songs.

den luftgetrocknet. In den Dörfern und Kleinstädten wurde die Wäsche oft noch am Dorfbrunnen und in kommunalen Waschhäusern gereinigt. Auf so genannten Bleichplätzen – meistens in Wiesenauen – wurde die Wäsche zum Bleichen ausgebreitet und anschließend mit Wasser aus Gießkannen begossen, sobald die Sonne sie getrocknet hatte. So wurde die Wäsche während eines Sonnentages ohne chemische Bleichmittel weiß. Das tägliche Wechseln der Wäsche war nicht üblich, denn die war aus schwerem, bockigem Material, das nur bei der großen Wäsche in der Waschküche effizient gereinigt werden konnte. Lediglich die Strümpfe aus dicker Baumwolle wurden „zwischendurch" gewaschen, die dann tagelang von einer hölzernen Spinne über dem Küchenherd baumelten.

Erziehung im Kindergarten

Nur etwa 15 Prozent unseres Jahrgangs hatte die Möglichkeit einen Kindergarten zu besuchen – es gab einfach zu wenige. Außerdem konnten sich die meisten Eltern selbst die niedrige Gebühr nicht leisten. Stattdessen erzählten uns unsere Großeltern Märchen und andere wundersame Geschichten, sangen uns Kinderlieder vor und lehrten uns Nachtgebete. Das Reichsjugendwohlfahrtgesetz von 1924 legte die Zuordnung der öffentlichen Kleinkindererziehung im Bereich der Wohlfahrtspflege fest, so dass Kinder aus Großfamilien einen Platz in einem der öffentlichen Kindergärten bekamen, der kostenlose Verpflegung beinhaltete. In diesen Genuss kamen vorzugsweise Stadtkinder, da in den ländlichen

Fesch ausstaffiert schaut die kleine Göre optimistisch in eine Zukunft zwischen Kindergarten und Einschulung.

Regionen die Kindergärten überwiegend von den Kirchen geführt wurden. Nonnen und Diakonissen leiteten die katholischen Kinderverwahranstalten, in denen das Aufsagen von Liedversen und das Auswendiglernen von Gebeten einherging mit dem Einbläuen des Respekts vor den Eltern und den Institutionen des Staates und der Kirche. Darüber hinaus knüpfte der klassische Kindergarten an das alte Motiv an, dass diese Einrichtung zur Vermeidung von Verwahrlosung beitragen sollte. Natürlich gab es viele Projekte, die kleine Spielgruppen und die Förderung der Selbstständigkeit der Kinder als Hauptaufgabe vorsahen, doch fehlte die finanzielle staatliche Unterstützung. Am Ende der Weimarer Republik gab es 8500 öffentliche und freie Kindergärten, darunter 55 von der Arbeiterwohlfahrt. Trotz alledem war es vielen von uns Kindern immerhin noch vergönnt eine frühkindliche Erziehung im Geiste Fröbels zu erfahren, die einige Jahre später in den Dienst der NS-Ideologie gestellt wurde.

Die Zigeuner kommen

Wenn die Zigeuner in die Stadt kamen, herrschte bei uns eine gespannte Erwartung und Angst. Schließlich glaubten wir fest daran, dass sie nur gekommen seien, um uns zu stehlen. Dennoch näherten wir uns ihren Wohnwagen, die am Ortsrand (in der Regel an Fußballplätzen) standen. Unter den rhythmischen Schlägen eines Tamburins ließen sie ihren Tanzbären tapsige Schritte vollführen, um anschließend ein paar Pfennige von uns zu erbetteln. Diese für uns exotischen Zeitgenossen zogen nach Belieben umher; lebten wie die Nomaden außerhalb der bürgerlichen Gesellschaft. Vor unseren Haustüren boten die Zigeunerfrauen mit ihren Kindern Teppiche zum Kauf feil. Nicht selten verschwand schon mal ein Huhn oder ein Wäschestück von der Stange. Für uns Kinder bedeutete die „Zigeunerromantik", die uns zu ihren Lagerplätzen führte, immer eine willkommene Abwechslung in unserem ansonsten sehr eintönigen Leben in den Dörfern.

Brotbacken und andere Genüsse

Allmählich ging es unseren Eltern etwas besser, und wir bekamen mehr als nur Brot und Kartoffeln zu essen. Als Brotaufstrich diente Sirup, Schmalz und Hausmacher Leber- und Blutwurst.

Eine spezielles Ernährungsprogramm gab es für uns nicht und „gesunde Ernährung" steckte noch in den Kinderschuhen, ebenso wie die Forschung über die Wirkung der bisher bekannten Vitamine A, B und C. Ernährungswissenschaftler plädierten für eine Erhöhung des Fleischkonsums, dem allerdings die hohen Preise entgegenstanden. Und wer sich nicht mit Obst und Gemüse aus eigenem Anbau versorgen konnte, musste auf gesunde kulinarische Genüsse verzichten. Wir Dorfkinder hatten es da wesentlich besser als unsere städtischen Altersgenossen. Wenn unsere Mütter für das Backhaus in der Ortsmitte eine Backreihe bekamen, hatten auch wir viel zu tun. Wir beaufsichtigten den Teig, der in einem Backtrog in der Nähe des Küchenherdes stand. Ungefähr fünf Stunden dauerte es, bis er aufging. Dann wurde Salz hinzugegeben und der Teig steif geknetet, was richtige Schwerstarbeit war. Dann wurde der Teig, der zu rundem oder langem Brot gerollt worden war, auf ein Backbrett gelegt, das wir dann mit unseren Müttern zum Backhaus trugen. In den Ofen, der von der Glut des Holzes überall weiß war, durften wir manchmal das Brot salben, damit es eine glatte Kruste bekam. Danach kam das Brot auf einer Backschüssel der Reihe nach in den Ofen. Während die Mütter von der Backhaustreppe auf die Kirchturmuhr blinzelten, um exakt nach einer Stunde Backzeit das Brot aus dem Ofen nehmen zu können, genossen wir in den Wintermonaten die Hitze des Backofens, die unsere Haut dunkelrot verfärbte. Zwischendurch schleppten wir Wasser in halb gefüllten Eimern an, um während des Vorgangs die Brote nass zu machen, damit sie schön glänzten. Wenn das Brot gar war, freuten wir uns auf die heiße, knusperbraune Kruste, die wir noch an Ort und Stelle verputzten. Während der Zwetschgenzeit wurden oft noch einige Kuchen mitgebacken. Unser Appetit auf den mit Zucker bestreuten Zwetschgenkuchen war riesig. Selten gab es etwas noch Leckeres für uns.

Bescheidenheit unterm Weihnachtsbaum

Die Advents- und Weihnachtszeit erlebten wir viel stiller als heute. In den meisten Familien war Sparsamkeit angesagt. Wir erfreuten uns schon an bescheidenen Gaben, obwohl die Spielzeugindustrie mit immer neuen Artikeln unsere Begehrlichkeit weckte. Als besondere Attraktionen galten die ersten elektrisch angetriebenen Spielzeugeisenbahnen oder ein handwerklich gefertigtes Tretauto. Auch viele Automodelle waren schon mit einem Elektromotor ausgestattet. Etwas ganz Besonderes war ein

Das Titelbild der Zeitschrift „Die Woche" vom 29. Dezember zeigt leuchtende Kinderaugen angesichts des reich geschmückten Weihnachtsbaumes.

fliegender Zeppelin im Kleinformat, der für kurze Zeit in der Luft bleiben konnte. Doch solcherlei Spielzeug fand sich unter den wenigsten Weihnachtsbäumen wieder, die gegen ein geringes Entgelt an die Forstbehörde von unseren Vätern im Wald selbst geschlagen wurden. Unterm geschmückten Tannenbaum wurden zunächst viele alte Weihnachtslieder gesungen, dann warteten wir vor Spannung fiebernd auf den Klang des Glöckchens, mit dem uns das Christkind die Bescherung kundgab. Die fiel allerdings viel weniger üppig aus als heute. In erster Linie gab es nützliche Geschenke wie Kleidung und Schuhe. Natürlich gab es auch Spielsachen wie ein von den Vätern geschnitztes Segelschiff mit Baumwollsegel oder gar eine Ritterburg mit allerlei Tonfiguren. Die Mädchen bekamen Puppen, manchmal auch eine Puppenküche, die von geschickten Händen aus Zigarrenkisten gezimmert wurde. Jungen hatten einen Kaufladen, der meistens aus Holzabfällen gezimmert wurde. Geschwistern schenkte man gerne Brettspiele oder Malzeug, um sich teure Einzelpräsente zu sparen. Besonders bedauernswert waren diejenigen unter uns, die sich über ein Spielzeug nur an den Weihnachtstagen freuen konnten, da es, wie eine Sammlung von Zinnsoldaten oder eine zerbrechliche Gliederpuppe, viel zu kostbar war, um es ihnen ganzjährig zu überlassen. Nach den Weihnachtstagen wurden sie wieder sorgsam unter Verschluss genommen. Für den täglichen Gebrauch waren nur einfache Puppen in Gebrauch, manchmal sogar nur mit Tüchern umwickelte Holzscheite. Am ersten Weihnachtsmorgen gingen wir mit einem extra Körbchen zu unseren Patenonkeln und -tanten, wo wir üblicherweise einen Wecken, dazu Äpfel und Nüsse bekamen. Bisweilen gab es auch Taschentücher und Wollhandschuhe. Ganz gleich wie bescheiden die Geschenke auch ausfielen, unterm Weihnachtsbaum strahlten trotzdem unsere Augen.

Völkerfrühling in Europa

Wäh===ren der „Ära Stresemann" zwischen 1923 und 1929 ergeben sich viel versprechende politische Ausblicke. Gustav Stresemann, von August bis November 1923 Reichskanzler und bis zu seinem Tod am 3. Oktober 1929 Außenminister, entwickelt mit dem französischen Staatsmann Aristide Briand eine Freundschaft in Richtung auf ein großes, gemeinsames Ziel: das vereinte Europa. Stresemanns Politik konnte viel erreichen, aber nicht alles. Im Frühjahr 1925 startet der deutsche Außenminister eine Friedensoffensive, die im Oktober 1925 mit dem Abschluss der Verträge von Locarno das Verhältnis zu Frankreich entspannte. Im „Geist von Locarno" scheint das Ende der Versailler Verträge möglich. Nicht länger Sieger und Besiegte, sondern gleichberechtigte Staaten, stehen sich gegenüber. Das Inkrafttreten der Locarno-Verträge ist zudem gebunden an den Eintritt Deutschlands in den Völkerbund. Am 10. September 1926 hält eine von Stresemann geführte Delegation ihren Einzug im Völkerbundesrat. Ein neuer Reparationsplan wird aufgestellt, der Deutschland Luft verschafft und eine Art Wirtschaftswunder in Gang setzt. Für ihr Bemühen, die Vision der „Vereinigten Staaten von Europa" Wirklichkeit werden zu lassen, werden Briand und Stresemann 1927 zwar mit dem Friedensnobelpreis ausgezeichnet, doch scheiterten sie an den nationalistischen Strömungen in beiden Ländern. Die Weltwirtschaftskrise, die Stresemann nicht mehr erlebt, zieht den Schlussstrich unter eine Politik, die mit Kühnheit das Kapitel Weltkrieg und seine Folgen hatte schließen wollen.

Bescheiden waren die Wohnverhältnisse. Meistens spielte sich das Leben in einem Raum ab, der Küche, die Wasch- und Schlafraum zugleich war.

Kinderträume und Kinderarbeit auf dem Land

Die Möglichkeiten der schnellen Fortbewegung waren insbesondere für uns Dorfkinder eingeschränkt. Wir lebten in der Geborgenheit der Heimat, die meistens nicht über die nächst größere Ortschaft hinausreichte. Wir wuchsen in engen Häusern mit Lehmverputz auf, und der Misthaufen mit der Puddelpumpe gehörte zu unserem frühen Leben ebenso dazu wie das Plumpsklo – oft ein windschiefes Häuschen mit einem ausgesägten Herz in der Brettertür. Wir gingen meistens barfuß oder mit Holzschuhen durch unsere überschaubare, beschauliche Welt, die für uns unendlich groß erschien, als wir zum ersten Mal mit unseren Eltern in die Stadt fuhren. An den Schaufenstern der Spielwarengeschäfte drückten wir uns die Nasen platt, wohl wissend, dass eine Dampfmaschine oder ein Spielzeugauto für uns unerreichbar waren. Und so freuten wir uns schon riesig über eine Stange Lakritz oder eine Dose Salmiakpastillen, die es für zwei Groschen zu kaufen gab. Viele Leute in den Dörfern und Kleinstädten betrieben nebenbei noch Landwirtschaft, hatten Felder, eine Kuh im Stall und Ziegen und Hühner im Hof. Wir mussten mithelfen die Tiere zu füttern, Kartoffeln setzen und auslesen und Essen und Kaffee ins Feld bringen. Dafür durften wir anschließend oben auf den gefüllten Heuwagen zurück auf den Hof fahren, wo es eine besondere Gaudi war, vom Gebälk der Scheune mit lautem Johlen ins Heu zu springen. Aufregend für uns war es, wenn das Getreide vom Feld zur Dampfmaschine gefahren wurde, die mit einem Lokomobil angetrieben wurde. Wenn sich erst einmal das mächtige Schwungrad und der lange Treibriemen in Bewegung gesetzt hatte, klatschte, schüttelte und ratterte die Maschine so lautstark, dass wir uns nur noch brüllend verständigen konnten. Zusätzlich bildete sich eine Staubwolke, die sich beißend auf unsere Nasen und die Lungen legte.

„Eine Zensur findet nicht statt" – Die Presse in der Weimarer Republik

Die Weimarer Verfassung von 1919 hat in ihrem Artikel 118 scheinbar die demokratischen Grundrechte der Pressefreiheit geschaffen. Die Kommunisten beginnen schon Ende 1918 ihre Presse zu organisieren und geben das von Rosa Luxemburg und Karl Liebknecht gegründete Zentralorgan „Rote Fahne" heraus. Auf technisch-künstlerisch hohem Niveau ist die „Arbeiter-Illustrierte Zeitung" (AIZ), die 1930 eine wöchentliche Auflage von 500 000 Exemplaren erreicht. Das SPD-Parteiblatt „Vorwärts" ist zum „Regierungsblatt" avanciert. Im Berliner Scherl-Gebäude, der Zentrale des Hugenbergschen Presse-Imperiums, erscheinen „Der Tag" und die „Berliner Nachtausgabe", die bedeutende Größen in der Reichshauptstadt darstellen. Vorbildlich für ihre Berichterstattung und Kommentare sind die „Frankfurter Zeitung" und „Die Kölnische Zeitung". Der spätere Vorsitzende der Deutschnationalen Volkspartei, Alfred Hugenberg, hat schon früh die Presse als ein Herrschaftsinstrument erkannt, das für die Geschichte der Republik entscheidend sein kann. Der von Hugenberg aufgebaute Pressekonzern „Opriba" kontrolliert in den Zwanziger Jahren einen Großteil der Provinzzeitungen. Somit verfügt die „Opriba" im Gegensatz zu den liberal-demokratischen Berliner Großverlagen Ullstein und Mosse, bei denen die „Vossische Zeitung" oder die „Berliner Ilustrirte Zeitung" erscheinen, beim Kleinbürgertum die Meinungsführerschaft. Der „Völkische Beobachter" bildet das Kernstück der Nazi-Presse, zu der bis 1932 achtundfünfzig weitere Tageszeitungen hinzukommen, darunter der von Goebbels seit 1927 herausgegebene „Der Angriff".

Von Werkstätten, in denen knatternde Automobile und Motorräder repariert wurden, fühlte sich jeder Junge wie magisch angezogen.

Handwerksbetriebe als Erlebnisstätten

Lautstark ging es in den Handwerksbetrieben und Werkstätten zu, was natürlich unsere Neugier erregte. Hier wurden wir mit harter Arbeit, deftigen Sprüchen und auch ziemlich brutalen Erlebnissen konfrontiert, die unsere kindliche Wahrnehmung aber nicht nachhaltig beeinflusste. Viele Familien mästeten in Hinterhofställen und Kellerräumen mit Kartoffeln und Kleie ein oder zwei Schweine, die im Winter geschlachtet wurden. Wir Kinder wurden vor diesem Anblick ins Haus verbannt, dafür standen die Türen der Schlachthäuser der Metzgerbetrieb oftmals sperrangelweit offen. Vor Schrecken starr beobachteten wir die Tötung von Kälbern und Schweinen, die entweder noch mit der stumpfen Seite der Axt erschlagen wurden oder schon mit einem Bolzenschussgerät getötet wurden. Wenn ein Pferd beschlagen wurde, lohnte es sich immer mal stehen zu bleiben. Oft waren die Tiere unruhig und mussten dann von starken Männerfäusten und unter kräftigen Fuhrmannsflüchen festgehalten werden, die wir außerhalb der Hörweite unserer Eltern gerne übernahmen. Das Kreisen der Bandsäge und das Heulen der Hobelmaschinen in den Sägewerken, zog uns trotz des Lärms wie magisch an; durften wir doch das Sägemehl für unsere Sprunggruben mitnehmen. Wenn sich ein Baugeschäft in der Nähe befand, spielten wir in Bergen von Sand, bauten Tunnels und Burgen oder kletterten auf Gerüststangen und Brettern herum; wir durften uns nur nicht von den Besitzern erwischen lassen. Die Schuhwerkstatt besuchten wir häufig, allerdings weniger aus Neugier, sondern aus Notwendigkeit. So oft wir konnten, spielten wir in Ermangelung eines Balls mit Dosen und Büchsen Fußball, was natürlich unsere Werktagsschuhe arg strapazierte. Deshalb wurden die Schuhsohlen genagelt und die Spitzen und Absätze wurden noch durch einige Stoßeisen verstärkt.

Ein Geburtstagsausflug mit den Eltern an den Rhein wurde mit einem Erinnerungsfoto vor gemalter Burgenkulisse gekrönt.

Der Kindergeburtstag

Wenn wir Geburtstag hatten, nutzten die Erwachsenen die Gelegenheit sich zum Kaffeeklatsch zu treffen. Die Großeltern, Onkel und Tanten kamen herbei und beschenkten uns mit Naturalien wie Äpfeln, Birnen, Zwetschgen oder auch mit einer Banane. Am meisten freuten wir uns natürlich über Plätzchen oder eine Tafel Sarotti-Schokolade, das war schon etwas ganz Besonderes. Und wer sonst mit Ersatzmargarine und dünnen Honigsirup vorlieb nehmen musste, empfand selbst 100 Gramm Butter als ein gerne genommenes Geschenk. Eine dick bestrichene Butterstulle war ein Festessen für uns. Kinder aus der Nachbarschaft nahmen an unseren Geburtstagen selten teil, es sei denn, unsere Eltern konnten es sich leisten eine Kindersause mit Kakao, Kuchen und vergnügten Spielen zu veranstalten. Mütter zauberten da schon mal reizende Kostüme aus Papier für die Kinder, dekorierten Küche und Wohnzimmer mit Papierschlangen. Bei Spielen wie Prinz und Prinzessin – wer wollte schon ein armer Frosch sein – wälzten wir uns im wildesten Clinch auf dem Boden, bis uns die Erwachsenen trennten. Wann hatten wir schließlich schon mal die Gelegenheit, uns ungestraft austoben zu dürfen. Geburtstagsfeiern waren für die meisten Kinder und Eltern jedoch der schiere Luxus. Die Wohnungen waren zu klein, um viele Gäste aufzunehmen. Unsere Eltern hatten keine Zeit zum feiern, und bei einem durchschnittlichen Einkommen von 25 Mark in der Woche hatten sie auch kein Geld für „Extrawürste" wie eine Geburtstagsfeier.

Unser Spielplatz war die Straße

Wer in den großen Städten aufwuchs, hatte neben der Straße, baufällige Häuser, unbewachte Mülldeponien und Schlackenhalden als Spielplatz. Die Hinterhöfe waren düster, von stinkenden Abfalltonnen, Teppichklopfstangen und Wäscheleinen verstellt und überhaupt war das Spielen in den Höfen der Mietskasernen sowieso immer verboten. Wir wurden von Hausmeistern, Schutzmännern und Parkwächtern gejagt und kujoniert. In besonders dicht bebauten Vierteln wurden kleinräumige Flächen zum Schutz der spielenden Kinder mit Eisengittern eingezäunt. Zentrum solcher Plätze war eine Sandkiste, in die immer wechselnde Gruppierungen zum gemeinsamen Spielen zusammenkamen. Wer eine Schaufel, Eimerchen und Sieb dabei hatte, konnte sich als Oberbaumeister im Sandhaufen fühlen. Beliebt waren Ballspiele, Hüpfspiele, Hochzeit- und Begräbnisspiele, Stelzenlaufen und Fangspiele, wie das „Drittabschlagen". Jeweils zwei Mädchen bildeten hintereinander stehend mit anderen Paaren einen Kreis, zwei weitere Mädchen rannten darum herum und versuchten einander zu fangen. Die schnellere von beiden Mädchen, die es schaffte in das Innere des Kreises zu gelangen, stellte sich vor eines der Paare, so dass es nun drei Mädchen waren. Die dritte, sozusagen Überflüssige, trat in den Wettkampf mit dem draußen gebliebenen Mädchen. Nun begann das Spiel von vorn, bis alle japsend vor Erschöpfung aufhörten. Die Jungen spielten „Räuber und Gendarm", Fußball oder Reifenschlagen. Manchen reichte dafür ein verrosteter Fassdaubenring, der mit einer Peitsche oder mit einem Knüppel angetrieben wurde und dabei mit einem Heidenlärm über das Pflaster rollte. Abzählreime und Lieder, wie „Taler, Taler, du musst wandern", „Schwarzer Mann, wo kommst du her?", oder „Dornröschen war ein schönes Kind", kannten wir dutzendweise. In den Dörfern gab es keine Spielplätze, dafür aber ungleich mehr Spielmöglichkeiten, Streiche zu machen und Abenteuer zu erleben. Die Natur war ein riesiger Spielplatz. Wir konnten in Seen, Flüssen und Kanälen baden. Wir fingen Frösche, stahlen Eier aus Vogelnestern und Äpfel aus Obstgärten, ohne eine schlimmere Strafe fürchten zu müssen als sich vom Dorfpolizisten eine Ohrfeige einzufangen und sich von frühreifem Obst den Magen zu verderben.

Eine Kinderhochzeit in Weiß und mit Zylinder gehörte zu den begehrtesten Rollenspielen.

Bleylehose und „Propeller"

Die Bekleidung war einfach, geradezu spartanisch. Alles musste solange getragen werden, bis es nicht mehr zu flicken oder zu stopfen war. Und wenn wir noch ältere Geschwister hatten, wussten wir ganz genau, was in den nächsten Jahren kleidungstechnisch auf uns zukam. Der Kieler

Die Riesenschleife zum Sonntagskleid war für die Mädchen obligatorisch.

Matrosenanzug war nach dem verlorenen Krieg etwas aus der Mode gekommen, dennoch gehörte er noch zum Aushängeschild national gesinnter Familien. Schürzen waren für die Mädchen Ausdruck ihrer Kindheit. Meistens wurden sie als schwarze Kittelschürzen statt eines Kleides getragen. Angesichts der weit verbreiteten Armut musste manches Mädchen und mancher Junge zufrieden sein, wenn sie/er überhaupt wenig abgenutzte Stoffteile auf dem Leib tragen durfte. Viele Mütter entwickelten ungeahnte Fähigkeiten im modischen Umarbeiten bereits getragener Hüllen, die noch aus der Vorkriegszeit stammten. Im Winter trugen wir unter Schürzenkleidchen und Dreiviertelhosen, Unterhemden mit langen Ärmeln und grobe, lange Wollstrümpfe, die von einem abenteuerlich aussehenden Leibchen mit Gummibändern gehalten wurden. Während die Mädchen zu ihrem weißen Sonntagskleid mit einer Riesenschleife geschmückt wurden, dem so genannten „Propeller", wurden die Jungen mit einem modischen dunkelblauen Bleyleanzug beglückt. Die Hose, die nicht nur fürchterlich juckte, sondern auch so eng anlag, dass schon nach nur einer Stunde Tragezeit die Oberschenkel wund gescheuert waren, bereitete uns nicht nur körperliche, sondern auch seelische Qualen. Wie beneideten wir die Kinder, die den Sonntagsausflug nicht mit einer Bleylehose antreten mussten.

Bubikopf, Topfhut und Jumperkleid

Die elegante Frau legt in den Zwanziger Jahren Wert auf Bewegungsfreiheit und Bequemlichkeit. Einschnürende Korsette und lange Kleider sind passé. Die Damenmode wird von geraden Linien dominiert, beim Gürtelkleid und beim Jumperkleid, das aus einem blusigen Oberteil und einem mit tiefer Kellerfalte versehenen kniekurzen Rock besteht. Bei den Jackenkleidern herrschen das englische, streng herrenmäßig geschnittene doppelreihige Schneiderkostüm mit Revers und das französische Phantasiekostüm mit kurzer Jacke vor. Die Mäntel sind meist zweireihig, schmal, gerade geschnitten und gelegentlich mit Pelzbesatz geschmückt. In der Hutmode steht der kleine Topf aus Filz mit weich umgeschlagener kleiner Krempe in der Gunst der Frauen ganz oben. In der Frisurenmode hat sich der Bubikopf ab 1927 endgültig durchgesetzt. Er bietet zahlreiche Variationen mit langen glatten Ponyfransen oder Seitenscheitel.

Das Titelbild der Zeitschrift „Die Welt" zeigt Kinder, die zur Erholung an die See fahren. Zum Abschied winken sie aus dem Zug ihren Eltern zu.

Verreisen war Luxus für wenige

Regelmäßig in Urlaub zu fahren, war für die meisten Menschen im Deutschen Reich schon wegen der Hotelpreise unerschwinglich. Die Angebote auch für weniger Begüterte, sich im Sommer außerhalb der vier Wände zu erholen, nahmen jedoch von Jahr zu Jahr zu. Mit Feriensonderzügen der Deutschen Reichsbahn konnte man zu ermäßigten Tarifen in die Berge oder an die Nord- und Ostsee fahren. Allerdings konnten die Sonderzüge nur einen bestimmten Interessentenkreis aufnehmen. Die Wagonzahl war begrenzt und die Reisegeschwindigkeit war mit knapp 60 Stundenkilometer nicht besonders hoch. War man am Urlaubsziel angekommen, entschädigten Sonne und Meer, frische Bergluft und eine Almjause für die Mühsal der Anfahrt. Für Kinder aus einkommensschwachen Familien gab es die Möglichkeit in einer durch Spenden finanzierten Kinderferienkolonie unterzukommen. Für Arbeiterkinder organisierten SPD und KPD vielfach Ferienlager, wie die erste Kinderrepublik in Seekamp bei Kiel. Meist verbrachten die Großstadtkinder mit ihren Eltern die Schulferien und die Wochenenden in den Schrebergärten oder besuchten die Verwandtschaft auf dem Lande. Neben kirchlichen Trägern organisierte vor allem die Arbeiterwohlfahrt – bis zur Machtübernahme durch die Nazis – Kinderverschickungen in die Erholungsgebiete.

Poesie für den Alltag

Ohne Zweifel sind Erich Kästner und Kurt Tucholsky die bekanntesten Satiriker der Zwanziger Jahre. Sie arbeiten gemeinsam in der Redaktion der „Weltbühne", des aggressivsten, politisch-satirischen Blattes der Weimarer Zeit, dem Tucholsky schon 1910 die richtungsweisende Linie gibt. Tucholsky schreibt unter fünf verschiedenen Namen, seinem eigenen und unter vier Pseudonymen: Peter Panter, Ignaz Wrobel, Theobald Tiger, Kaspar Hauser. Er versetzt sich gleichsam in fünf verschiedene Personen, von denen jede eine bestimmte Aufgabe hat. Ignaz Wrobel z. B., das gewichtigste Tucholsky-Geschöpf, attackiert mit seiner Stacheligkeit und bissigen Schärfe schonungslos das Militär und die Justiz. Erich Kästner wird als Poet des Alltags berühmt. „Ich hasse Ideologien, welcher Art sie immer sein mögen. Ich bin ein überzeugter Individualist", erklärt er später. Am 10. Mai 1933 sieht er auf dem Platz neben der Staatsoper in Berlin mit an, wie seine Bücher und Schriften ins Feuer geworfen werden.

Zwischen Wirtschaftskrise und Zerfall der Weimarer Republik

1929–1932

Das 7. bis 10. Lebensjahr

Harte Schulbänke erwarten uns

Ein speckiger Schulranzen, in dem sich ein Brotkästchen befand, eine Schiefertafel, an der ein Schwamm zum Abwischen der Tafel hing, und ein Griffelkasten, das war die Grundausstattung, mit der wir nach Ostern zum Dienst als ABC-Schützen in die Volksschulen des Landes einrückten. Für den ersten Schultag wurden wir von unseren Müttern fein ausstaffiert, bekamen eine große Brezel oder ein bunte, spitze Zuckertüte in die Hand gedrückt, die allerdings nur selten mit vielen Süßigkeiten und Wecken gefüllt war. Unsicher und neugierig zugleich stolperten wir über für Riesen geschlagene Treppen und über hallende Korridore in einen Raum, an dessen Tür ein Schild mit der Aufschrift 1a prangte. In Dreierreihen nahmen wir Jungen und Mädchen auf engen, harten Holzbänken Platz, während sich unsere Mütter an die Seitenwände der Klasse drückten. Dann trat ein gestrenger Herr oder eine noch gestrenger aussehende Dame mit Brille ein, die sich als unsere zukünftigen Lehrkörper vorstellten. Mit strengem Blick machten sie uns auf unsere zukünftigen Pflichten aufmerksam. Nach ein paar amtlichen Belehrungen in Richtung unserer Mütter mussten wir dann ein Liedchen singen, das so sinnreiche Textzeilen wie „Es geht eine Zipfelmütze in der Reih' herum" hatte. Dann hörte der Spaß auch schon wieder auf. Die Schule war dazu da, uns das Rüstzeug für unser zukünftiges Arbeitsleben einzubläuen – wenn es nötig war auch mit dem Rohrstock. Zuvor wurden wir im Arztzimmer

Chronik

6. April 1929
Richard Taubers Filmlied „Ich küsse ihre Hand, Madame" ist der Hit des Jahres. Über 500 000-mal wird der Titel als Grammophonplatte verkauft.

1. Mai 1929
Nach dem Verbot der Maikundgebungen durch den sozialdemokratischen Polizeipräsidenten finden Straßenkämpfe in Berlin statt.

10. Dezember 1929
Thomas Mann erhält in Stockholm den Nobelpreis für Literatur.

23. Dezember 1929
Der erste in Deutschland gedrehte Tonfilm „Die Nacht gehört uns" wird in Berlin uraufgeführt.

29. März 1930
Heinrich Brüning wird zum Reichskanzler ernannt.

12. Juni 1930
Max Schmeling ist Boxweltmeister im Schwergewicht nach der Disqualifizierung seines Gegners Jack Sharkey.

7. März 1931
Kölner Bischöfe warnen in einer öffentlichen Erklärung vor den Gefahren des Nationalsozialismus.

18. März 1931
Der erste elektrische Rasierapparat kommt auf den Markt.

2. März 1932
Der 19 Monate alte Sohn des Atlantiküberfliegers Lindbergh wird entführt und ermordet.

20. Mai 1932
Die Amerikanerin Amelia Earhart überfliegt als erste Frau im Alleingang den Atlantik.

12. September 1932
Reichskanzler von Papen wird durch einen Misstrauensantrag gestürzt und der Reichstag wird von Hindenburg aufgelöst.

21. November 1932
Reichspräsident Hindenburg nimmt Verhandlungen mit Hitler über die Regierungsbildung auf.

Mit großer Brezel oder Schultüte wurde der erste Schultag versüßt.

gemessen und gewogen und trotz schmaler Brust für unterrichtstauglich befunden. Obligatorisch war das Einschulungsfoto. Mit eher ängstlichen, denn wirklich erwartungsfrohen Blicken, schauten wir beim Gruppenfoto in die ungetüme Kamera des Fotografen. Wesentlich gelöster waren wir, wenn wir für ein Einzelfoto vor der Schultafel posieren durften auf der geschrieben stand: „Mein erster Schultag". Noch waren die meisten Schulen faktisch Bekenntnisschulen. Die Zahl der weltlichen Schulen ohne Religionsunterricht war verschwindend gering. Die Volksschule, die rund 85 Prozent aller Schüler unseres Jahrgangs absolvierten, legte neben dem schulischen Grundstoff – Schreiben, Lesen, Rechnen – viel Wert auf eine handwerkliche Aus-

Eine Mädchenklasse ist mit ihrer Lehrerin zum Gruppenfoto vor dem Schultor angetreten.

bildung. Oft war unser zukünftiger Berufsweg schon vorgezeichnet. Entweder ergriffen wir Jungen die Berufe unserer Väter oder wir wurden nach Neigungen beurteilt. Wer gerne mit Hammer und Nägeln hantierte, war automatisch für das Bauhandwerk prädestiniert.

Prügelstrafe und Rangordnung

Acht Jahre Volkschule, in manchen Ländern des Reiches nur sieben Jahre, waren die Regel für die meisten von uns. Das dreigliedrige Schulsystem – Volksschule, Mittelschule, Gymnasium – ermöglichte uns nach vier Jahren Grundschule auf eine höhere Schule zu wechseln. Doch Einkommen und soziale Herkunft bestimmten unsere schulische und berufliche Zukunft. Viele Eltern waren nicht in der Lage Schulgeld und Lehrmaterial zu bezahlen, und so hatten wir uns zu beeilen, um möglichst schnell in einen Beruf zu kommen. Viele Schüler unseres Jahrgangs erreichten nicht einmal den Volksschulabschluss. Wo der Zwang zum Sparen herrschte, hatten die Lehrbücher lange Bestand. Sie wurden erst ausgemustert, als sie sich aufzulösen begannen. Die Schulausbildung wurde straff und stramm durchgezogen, die Prügelstrafe als auch die so genannte Rangordnung, die unseren Leistungsstand in der Sitzordnung in der Klasse widerspiegelte, war weit verbreitet. Auch wenn der Pauker alten Typus in den Großstädten allmählich verschwand und einem eher soziademokratisch ausgerichteten Lehrer Platz machte, herrschte auf dem Land noch ein ziemlich rigides Regiment. Während die Mädchen im Allgemeinen von Züchtigungen verschont blieben, fuhr der Rohrstock bei den Jungen schon beim kleinsten Vergehen über den Hosenboden oder die ausgestreckte Hand. Wer mit seinen Nagelschuhen zu laut durchs Treppenhaus fegte, wer zu spät kam oder im Unterricht unaufmerksam war, wurde über die Bank gelegt. Mit unsern kurzen Hosen boten wir viel Reizfläche, um nach der schmerzhaften Züchtigung mit brennenden Striemen wieder auf unseren Platz zurückzukehren. Oft kam es auch vor, dass unsere Lehrer abends um unser Haus herumschlichen, um zu kontrollieren, ob wir uns noch auf der Straße herumtrieben. Nur zu bereitwillig überließen unsere Eltern die Erziehungsaufgaben unseren Lehrern – das Recht auf Prügel inklusive.

Der „Schwarze Freitag"

Ab dem 24. Oktober 1929 beginnt ein dramatischer Verfall der Aktienkurse an der New Yorker Börse. Die übersteigerten Akienverkäufe und übermäßigen Investitionen führen einen Tag später zu einem rapiden Kurssturz. Der amerikanische Kreditfluss nach Europa gerät ins Stocken und die europäische Wirtschaft stürzt in eine schwere Krise. Besonders hart trifft es Deutschland. Durch Verringerung der Produktion und des Verfalls der Löhne und Preise steigt die Arbeitslosigkeit von September 1929 bis Jahresbeginn von 1,6 Millionen auf 6,1 Millionen an. Am 27. Oktober 1929 erkennt der Leitartikler noch nicht den Kern der sich anbahnenden Weltwirtschaftskrise: „Wo man hinsieht, überall das gleiche Bild, nicht das eigene Geschäft hat die Firmen zu Fall gebracht, sondern kaufmännisch unverantwortliche Transaktionen. Es gibt eben noch immer weite Kreise, die es bisher nicht über sich bringen können, zu soliden Grundsätzen zurückzukehren." Am 11. Juli 1931 bricht das deutsche Bankenwesen zusammen, und der Staat ist gezwungen, die Großbanken mit seinen Garantien abzustützen. Ende 1932 liegt die Zahl der Arbeitslosen – inklusive der Dunkelziffer, die sich nicht registrieren lassen – bei 7,6 Millionen. Der Lebensstandard sinkt dramatisch. Radikale Kräfte gewinnen in Deutschland immer mehr die Oberhand. Als Hindenburg im Juni 1932 den Reichstag auflöst, gewinnt bei den fälligen Neuwahlen die NSDAP 107 Sitze und zieht hinter der SPD als zweitstärkste Partei in den Reichstag ein.

Der Rodelspaß war für alle Kinder in den Wintermonaten obligatorisch.

Schlittenfahren und Eislaufen

Die Winter waren hart und schneereich und so konnten wir uns schon Ende November auf die erste Rodelpartie freuen. Wenn der Hörnerschlitten, für den wir eigentlich noch zu klein waren, nicht für den Transport von Reisigholz aus den Wäldern benutzt wurde, reichte schon die erste abfallende Seitenstraße in unmittelbarer Nähe der elterlichen Wohnungen aus, um ungestört vom noch sehr spärlich vorhandenen Autoverkehr mit unseren Schlitten die Rodelsaison zu eröffnen. Direkt nach dem Mittagessen ging es hinaus auf die Piste, die wir erst verließen, wenn die

Dämmerung hereinbrach. Wenn wir total durchgefroren und hungrig wieder nach Hause kamen, lagen schon Bratäpfel im Backofen für uns bereit oder es warteten eine heiße Tasse Kinderkaffee und frische Wasserwecken auf uns. Mit nicht weniger großer Begeisterung ließen wir uns in die weiße Schneepracht fallen, bauten Schneemänner und bewarfen uns mit Schneebällen. Für die Winterfreuden mussten die Landkinder keine großen Wege auf sich nehmen, sie begannen schon vor der Haustür. Auf den tief gefrorenen Seen, Flüssen und Teichen herrschte reger Betrieb. Im Fundus der Eltern und Großeltern befanden sich neben einem betagten Rodelschlitten fast immer auch ein paar verrostete Schlittschuhe, die mit einigen Veränderungen der Schrauben an den Seiten für unsere kleinen Füße passend gemacht wurden. Da wir sowieso in die für uns noch zu großen Winterschuhe reinwachsen mussten, war Größe für uns nie ein Hindernis gewesen.

Murmeln, Bucker und Klicker

Wenn wir nicht Fußball spielten, Drachen steigen ließen oder die Bleisoldaten in Marschstellung brachten, spielten wir am liebsten mit Klicker aus Ton, die es im Kramladen im Dutzend für 5 Pfennig gab. Nach verschiedenen Regeln mussten sie in ein rundes Loch geschoben werden, welches wir in Nullkommanix mit unseren Absätzen oder mit der Hand aushuben. In fast jeder Hinterhofecke befanden sich solche Löcher, die wir bei Nichtbenutzung mit Steinen und Moos abdeckten, um sie vor Mäusen und Nässe zu schützen. Ein versierter Murmelspieler, den wir an der Hornhaut am rechten Zeigefinger erkannten, musste sich nicht den Groschen erbetteln, um nagelneue Murmeln zu kaufen. Er luchste sie den dösigen Mädchen und Jungen meistens schon bei einem Spiel ab. Wer clever und mitten im kindlichen Leben stand, und das waren wir in dieser Zeit fast alle, setzte nur seine abgenutztesten Murmeln ein, hielt seine schönsten und größten Stücke, zu denen auch silberglänzende Eisenkugeln und Glaskugeln mit den bunten gedrehten Stäben in der Mitte gehörten, mit Bedacht zurück. Ein guter Spieler konnte es auf mehrere hundert Bucker bringen. Dafür maß er sich mit allen Spielern in der Nachbarschaft, stritt kleinlich um jede Kugel, die nicht ganz in die Kuhle gerollt war und noch am Lochrand klebte.

Spielwarenträume und Spielabende

Am Nachmittag, wenn die Schule zu Ende war, mussten wir zuerst die Hausaufgaben erledigen und dann unsern Müttern bei der Hausarbeit oder der Heimarbeit helfen. Viele Mütter verdingten sich als Näherinnen und Zuschneiderinnen für Textilbetriebe oder verdienten sich mit dem Schreiben von Adressen oder dem klassischen Tütenkleben ein paar Mark hinzu. Mit Beginn der Weltwirtschaftskrise waren die Arbeitslosenzahlen wieder sprunghaft in die Höhe geschnellt. Weihnachten 1930 gehörten teure Geschenke zu den Ausnahmen. Für uns gab es Präsente, die praktisch und nützlich waren, wie warme Winterkleidung und Schulartikel, wie Schreibhef-

Mechanisches Spielzeug und die ersten Schildkrötpuppen hielten Einzug ins Kinderzimmer.

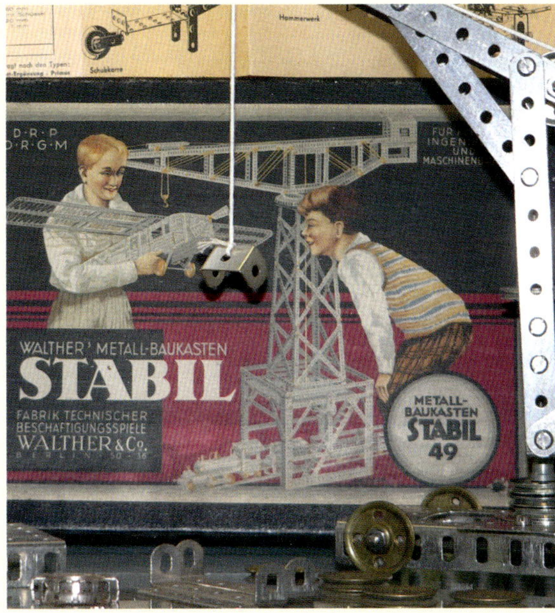

Heiß begehrt bei den Jungen waren Metallbaukästen.

te, Wasserfarben oder Farbstifte. Viele Weihnachtsgeschenke wurden im Do-it-yourself-Verfahren fabriziert. Bastelartikel hatten Hochkonjunktur. Kostspielige Gaben, wie ein „Steiff"-Teddy oder wie die immer beliebter gewordenen technischen Konstruktionsbaukästen, die unsere Fantasie förderten und daher vielfach begehrter waren als Fertigteile, wie Spielzeugautos oder kleine Raketenflugzeuge, fanden nur die wenigsten von uns unter dem Gabentisch. Viele Kinder wünschten sich nur, dass ihre Väter endlich wieder Arbeit bekämen, während in gut situierten Haushalten moderne Rollfilmkameras und leistungsfähige Radioempfänger Einzug hielten, und die elektrische Eisenbahn unter dem Weihnachtsbaum ihre Kreise zog. Während sich Mädchen Schlittschuhe oder Rollschuhe wünschten, gab es stattdessen oft nur Zubehör für die Puppenhäuser oder ein Nähkästchen, um die Kleidung für ihre Puppe selbst schneidern zu können. Die Jungen klebten Modellbögen für Autos, Schiffe und Flugzeuge zusammen oder strapazierten ihre Laubsägen bis sie zu glühen begannen. Beliebt in den Familien waren Gesellschaftsspiele, die mangels anderer häuslicher Freizeitaktivitäten nie ihren Reiz verloren. Eine Spielesammlung mit Dame, Halma, Mühle und natürlich „Mensch ärgere dich nicht" fehlte in den Familien ebenso wenig wie „Reversi" oder das neue Spiel „Fang den Hut". Beliebt waren auch Würfelspiele und Quartette wie „Schnipp-Schnapp" und „Schwarzer Peter".

Gesundheit war ein kostbares Gut

Kinder, die sich täglich mit Süßigkeiten voll stopfen konnten, das gab es für uns nur im Märchen vom Schlaraffenland. Der Mangel bestimmte unser Leben. Die vielfach vitamin-, eiweiß- und mineralstoffarme Nahrung machte uns appetitlos und anfällig für Krankheiten. Viele mussten ohne Frühstück zur Schule gehen und bekamen nicht jeden Tag eine warme Mahlzeit. Tee, Wassersuppe, Kartoffeln, Brot, Grießbrei und nur selten Milch, mehr gab der Speiseplan selten her. Kinderkrankheiten und Erkältungskrankheiten häuften sich, da der Arzt oft zu spät oder gar nicht aufgesucht wurde. Rachitis und Atrophie, die durch Ernährungsmangel bedingte Auszehrung, meldeten sich zurück. Oft setzten heimtückische Krankheiten wie Diphtherie, Kinderlähmung oder Scharlach der Kindheit und dem Leben ein plötzliches Ende. Einschränkungen gab es überall, die Gesundheitsversorgung wurde – wie heute wieder – auf ein Minimum reduziert. Auf dem Land gab es so gut wie keine Fachärzte, und die Wartezimmer in den wenigen Praxen der Allgemeinmediziner waren immer brechend voll. Zum Glück gab es für uns die obligatorischen schulamtlichen Untersuchungen. Alljährlich wurden unsere Zähne inspiziert, wurde unsere Hühnerbrust abgeklopft, um Bronchialerkrankungen auf die Spur zu kommen. Die Empfehlung mehr zu essen, musste uns wie blanker Hohn vorkommen. Es gab auch Schulspeisungen wie Tomatensuppe mit Reis. Glücklich waren diejenigen, die einen der raren Plätze in einem kirchlichen oder staatlichen Erholungsheim ergatterten, wo man zwar nicht gemästet wurde, aber dafür jeden Tag eine geregelte Mahlzeit hatte und alleine in einem Bett schlafen konnte. Dennoch obsiegte das Heimweh über diese Vorzüge.

Kinder als Werbeträger für Mercedes Benz.

Die deutsche Automobilindustrie vor der Weltwirtschaftskrise

Am 1. Juni 1929 gibt es im Deutschen Reich fast zwei Millionen Kraftfahrzeuge. Dabei ist der Bestand an Personenkraftwagen auf 433 205 angewachsen. Die deutsche Automobilindustrie hat gegen die amerikanische Konkurrenz einen schweren Stand. Da wegen der begrenzten Kaufkraft der deutschen Autofahrer die Preise möglichst niedrig sein müssen, sind die Werke auf eine komplette Ausnutzung ihrer Kapazitäten angewiesen. Nur wenige Autofirmen wie Mercedes Benz, BMW und die Adler-Werke verfügen über genügend Kapital. Die Gesamtkapazität von fünf Autofirmen, die sich auf Klein- und Mittelklassewagen spezialisiert haben – wie Opel – liegt 1929 bei 287 000 Fahrzeugen, gegenüber nur 76 000 Fahrzeugen im Jahr zuvor. Am 17. März 1929 wird die Adam Opel AG von General Motors übernommen. Fortan orientiert sich Opel noch stärker am amerikanischen Vorbild der Massenfertigung.

Wer mit seinen Eltern im Sommer ans Meer verreisen durfte, erlebte den Badespaß in den Wellen der Nord- und Ostsee.

In der Badeanstalt

Im Sommer badeten wir, wenn irgend möglich, täglich in den Strandbädern, die überwiegend an Flüssen und Seen lagen. In den so genannten Volksbadeanstalten kostete ein Bad fünf Pfennig oder, wie die Berliner Kinder sagten, einen „Sechser". Aber das war uns zu teuer. Wer sich das Eintrittsgeld sparen wollte, konnte sich meistens erfolgreich um eine städtische Freikarte bewerben. Wer dann noch einen guten Wellenschlag und verhältnismäßig reines Wasser vorfand, hatte das perfekte Sommerglück. Das Schwimmen lernten wir ziemlich früh. Wir hielten uns an Gitterstäben fest, zogen die Beine möglichst hoch, und stießen uns dann mit einem mächtigen Satz ab. Mit Händen und Füßen wehrten wir uns wild strampelnd möglichst lange gegen das Untergehen. So lernten wir bald, uns über Wasser zu halten und elegant zu kraulen wie Johnny Weissmueller. Mit acht

Jahren gab es nur noch wenige von uns, die sich nicht sicher im tiefen Wasser bewegen konnten. In den großen Badeanstalten war das „Freischwimmen" absolut unerlässlich, schließlich befanden wir uns unter ständiger Beobachtung mürrischer Bademeister und nicht sonderlich rücksichtsvoller Erwachsener. Es herrschte allseits ein rauer und handfester Ton, doch wir wussten uns zu wehren: auf den Rutschen, auf dem Sprungbrett, an den Duschen und im Wasser. Auf Schonung oder mildernde Unstände hätten wir sowieso nie zu hoffen gewagt.

Auf dem Rummelplatz

Der Rummelplatz, das war für uns das Größte. Hier gab es alles, was uns wirklichen Spaß bereitete. Leider waren wir allzu oft nur Zaungäste, wenn sich die Karussells, Achterbahnen und Wackeltreppen in Bewegung setzten oder die Schausteller ihre Attraktionen anpriesen, wie die Dame ohne Unterleib, die Frau mit den zwei Köpfen sowie ein illustres Wachsfigurenkabinett. Unsere finanzielle Lage war stets so prekär, dass wir uns genau überlegten, für was wir unser erspartes Minivermögen von einer oder zwei Reichsmark ausgeben wollten. Für die obligatorische Schiffschaukel hatten wir noch keine Muckis und für das kleine, wacklige Kinderkarussell und das Kasperletheater fühlten wir uns schon zu alt. Das Riesenrad, wo man in Gondeln einige Male hoch und nieder schwebte und von ganz oben der Versuchung nicht widerstehen konnte, auf die unten stehende Menschenmenge zu spucken, war da schon eher nach unserem Geschmack. Teuflisch war eine sich rasant drehende, spiegelglatte Holzscheibe, welche durch die Fliehkraft die darauf stehenden, liegenden und mörderisch schreienden Personen an die gepolsterten Banden schleuderte. Solcherlei Kapriolen überließen wir eher den Erwachsenen. Wir standen in langen Reihen an, um auf einem dem Zusammenbruch stets nahem Pony reiten zu können, oder wie kauften uns an der Losbude – meistens ein Bretterverschlag – ein paar Lose. In der Hoffnung den Hauptgewinn zu ziehen, einen kindsgroßen, bereits leicht angestaubten Teddybären, blieb uns leider nur zu oft versagt. Bevor wir uns wieder auf den Heimweg begaben, gingen unsere letzten Groschen für Limonade und Süßigkeiten drauf, wie Lebkuchen oder kandierte Mandeln. Soviel Luxus konnten wir uns schließlich nicht alle Tage leisten.

Faszination Kino

Das Kino wurde in den Zwanzigern immer beliebter, natürlich auch bei uns. Unsere Eltern waren zwar der festen Überzeugung, dass wir durch das Kino psychischen Schaden nehmen würden, aber für einen Slapstickfilm mit Pat & Patachon, Buster Keaton, Harold Lloyd, Charlie Chaplin oder die allmählich immer populärer werdenden „Dick und Doof", nahmen wir eine vorzeitige Verblödung gerne in Kauf. Unermüdlich waren wir damit beschäftigt von unseren Eltern 30 Pfennig für einen Kinobesuch zu bekommen, die nur selten ein Einsehen mit unsern Kintoppgelüsten hatten. Wir wuchsen als Kinogänger direkt in die beginnende Ära des Tonfilms hinein. Bereits 1930 gab es im Deutschen Reich 5000 Kinos, die in den großen Städten zu Filmpalästen ausgebaut wurden, in denen wir uns von Illusionen überfluten ließen, während die Wirklichkeit draußen immer düsterer aussah. Noch gab es den herumreisenden Filmvorführer, der in den Hinterstuben der Wirtschaften oder in Gemeindeversammlungen mehr oder wenig erbauliche Kurzfilme über ferne Länder und Kulturen vorführte. Wir zogen es jedoch vor die harten, unbequemen Klappsitze der Tonlichtspiele zu belegen, als uns in dem für uns nicht mehr sonderlich aufregenden Wanderkino zu langweilen. Die „UFA" („Universal Film AG") hatte sich bis in die kleinsten Städte ausgebreitet, ihre Kinotheater hießen „Gloria" oder „Capitol". Hier kamen wir neben der unentbehrlichen Wochenschau in den Genuss von Kinderfilmen wie „Emil und die Detektive" oder draufgängerischen Abenteuer- und komischen Lustspielfilmen mit Hans Albers und Heinz Rühmann.

„Der Blaue Engel"

Der Tonfilm war in seinen Anfängen oberflächlicher als der Stummfilm in seinen besten Zeiten. Andererseits kann man sich den „Blauen Engel" als Stummfilm nicht vorstellen, der zu einem Meilenstein in der Geschichte des Films wird. Josef von Sternberg wird extra aus Hollywood zurückgeholt, um im Winter 1929/1930 den „Blauen Engel" nach Heinrich Manns Roman „Professor Unrat" zu drehen. Über Emil Jannings Rolle als Professor Rath mokieren sich manche Kritiker, die der Meinung sind, dass er im Film zur bloßen Marionette degradiert wird. Die politische und gesellschaftliche Kritik Manns sei praktisch verschwunden, übrig geblieben sei eine Studie in Sadomasochismus. Für die Rolle der Lola Lola fällt nach Probeaufnahmen die Wahl auf Marlene Dietrich. Die attraktive Schauspielerin mit den schönen langen Beinen erobert sich internationalen Ruhm. Für das breite Publikum überschattet Marlene Dietrichs Darstellung des aufreizenden leichten Mädchens alle anderen schauspielerischen Leistungen. Sie wird zum neuen Sex-Symbol. Ihre etwas heiser vorgetragene Darbietung von „Lola" und „Ich bin von Kopf bis Fuß auf Liebe eingestellt", gehören noch Jahrzehnte nach der Premiere des „Blauen Engel" zu den Höhepunkten bei ihren Auftritten als Sängerin.

Das erste Raucherlebnis

Zwischen Schule und Elternhaus schlossen wir Jungen uns für „größere Unternehmungen" gerne den schon über Zehnjährigen an, die hatten ja bereits etwas mehr Lebenserfahrung – auch was das Rauchen anbelangte. Wenn sie sich in verschwiegene Ecken oder in die Felder verdrückten, blieb uns das nicht verborgen. Manchmal klauten wir unseren Großvätern halb gerauchte Zigarrenstummel, die uns allerdings überhaupt nicht bekamen. Sie stanken fürchterlich und lösten Husten- und Brechreiz aus. Problemloser war es, wenn der Älteste in unserer Gruppe im Tabakwarengeschäft die preiswertesten Zigaretten erwarb. Die „Boxer"-Zigarette, die auch einzeln verkauft wurde, kostete nur einen Pfennig, obwohl sie mit einem Goldmundstück versehen war. Die nächst billigere Marke war „Eckstein", die es im Dreierpack für 10 Pfennig gab. Wenn wir uns verbotenerweise dem „Rauchvergnügen" hingeben wollten, waren wir meistens auf das Wohlwollen der „Großen" angewiesen. Natürlich mussten wir dafür unseren Obolus zur „Warenbeschaffung" beitragen, sonst konnten wir uns den Tabakgenuss abschminken. Leider durften wir nur einmal ziehen, mehr traute man uns nicht zu. Manchmal rauchten die „Großen" trotz unserer Vorabbezahlung die Zigaretten allein. Noch viel schlimmer war es, wenn wir bei diesem verbotenen Treiben entdeckt oder verpetzt wurden. Das hatte nicht nur ein großes Donnerwetter zur Folge, sondern auch eine gehörige Tracht Prügel. Die bekamen wir aber nicht nur wegen des Rauchens, sondern weil wir unsere Eltern belogen hatten, denen wir vorgaukelten die erbettelten Pfennige für Süßigkeiten ausgeben zu wollen. Doch wir Pimpfe, die wir schon lange zuvor in die Erlebniswelt der Indianer eingedrungen waren, erlitten den uns zugefügten Schmerz mit stoischem Gleichmut. Für verbotene Dinge waren wir bereit Opfer zu bringen. Für unsere geschnitzten Pfeifen verwendeten wir nicht immer Tabakpflanzen. Nicht selten rauchten wir aus Samen oder Blätter von bestimmten Kräutern ein wahrhaft teuflisches Kraut, bei dem sich uns danach förmlich der Magen umdrehte.

Fußball, Hopse, Vater – Mutter – Kind

Die Mehrzahl der Jungen spielte Fußball und die Mädchen waren auf Hopse versessen. Vater – Mutter – Kind, Versteck und Schule wurden gemeinsam gespielt. Ungestört von Autoverkehr und Erwachsenenverbote ignorierend, wurden die Straßen zu Bolzplätzen umfunktioniert. Wer einen Ball besaß oder gar mit Fußballschuhen aufwarten konnte, bestimmte die Regeln und war König auf dem mit Kreide aufgemalten Spielfeld. Die Königsdisziplin der Mädchen war das Hopsespiel „Himmel und Hölle". Bei Vater – Mutter – Kind hatten die Jungen die undankbare Rolle des Kindes zu übernehmen. In dieser Eigenschaft hatten sie mal brav, mal böse zu sein, mussten gehorchen und auch mal widerstrebend sein. Doch bald war den Jungen diese Art von Spielen langweilig geworden und sie suchten wieder die Gemeinschaft anderer Knaben. Man wendete

Ein Fußball löste bei allen Jungen magische Reflexe aus, wie das Titelbild der Zeitschrift „Der kleine Genossenschafter" zeigt.

sich neben dem Fußballspiel diversen Tauschgeschäften zu, bei denen Spielkarten und Zigarettenbilder den Besitzer wechselten. Gerne spielte man auch die Abenteuer der Romanhelden „Robinson" und „Lederstrumpf" nach. Nur zu gerne identifizierten wir uns mit „Winnetou", dem edlen Häuptling der Apachen – ohne dass wir dazu Federschmuck oder andere äußerliche Insignien brauchten. Ein hölzerner Tomahawk reichte aus, um uns von dem Mut und der Leidensfähigkeit des Indianers angesteckt zu fühlen. In der Figur des Robinsons lebten wir das Gefühl von Einsamkeit und Ungebundenheit aus. Einmal nicht von Eltern und Lehrern bevormundet zu werden, dafür ließen wir uns auch nicht von uns angedrohten Strafen abschrecken. Einen unwiderstehlichen Reiz übte auch in jedem Frühjahr das Schollenreiten aus. Wenn wir mit einer Stange oder einem Beil das Eis der Flüsse teilten, um auf den meterlangen Schollen dahinzutreiben, ereilte uns stets das Verhängnis: wir stürzten ins eiskalte Wasser. Auf den Kick folgte mit schöner Regelmäßigkeit Dresche und eine Erkältung, die uns mehrere Tage Bettruhe einbrachte.

Die Straße wird zum Schlachtfeld

Blutige Auseinandersetzungen zwischen dem sozialdemokratischen „Reichsbanner Schwarz-Rot-Gold", dem kommunistischen „Roten Frontkämpferbund" und der nazistischen „SA" sind im letzten Drittel der Weimarer Republik gang und gäbe. Die Partei-Armeen, die eine beträchtliche Stärke erreichen, kämpfen erbittert um die Vorherrschaft auf der Straße. An Kampfentschlossenheit und Schlagkraft übertreffen die Bürgerkriegsarmeen der Kommunisten und Nazis alle übrigen. Sie setzen mühseligen Parlamentsdebatten die „Dynamik der Tat" entgegen, wie ein Historiker feststellt. „Die Straße ist nun einmal", schreibt Joseph Goebbels, „das Charakteristikum der modernen Politik. Wer die Straße erobern kann, kann auch die Massen erobern, der erobert den Staat." Wie man's macht zeigt Goebbels im Berlin. Die nationalsozialistischen Terrorverbände SA und SS gewinnen gegen Ende der Zwanziger Jahre den Kampf um die Straße. Mit List, Tatkraft und Verschlagenheit erobern sie die Vorherrschaft über die eingeschüchterten Massen. Das Parlament, das sich aus innerer Schwäche nie zu entscheidenden Maßnahmen gegen die Partei-Armeen aufraffen kann, wird mit Spott überschüttet, nicht zuletzt von Goebbels.

Al Capone wegen Steuerhinterziehung verurteilt

Über zehn Jahre lang ist es den Justizbehörden nicht gelungen den Boss der Chicagoer Unterwelt dingfest zu machen. Am 24. Oktober 1931 ist es soweit. Ein Gericht in Chicago verurteilt Alphonse (Al) Capone wegen Hinterziehung der Einkommenssteuer in fünf Fällen zu elf Jahren Gefängnis. Die Anwälte des Gangsterbosses legen zwar Berufung ein, doch die Justizbehörden lehnen es ab, Capone gegen eine Kaution auf freien Fuß zu setzen. Zuvor ist es den Strafermittlern nicht gelungen Capone wegen seiner diversen Verstöße gegen das seit 1919 in den USA bestehende Alkoholverbot, wegen Glücksspiels und Schutzgelderpressung oder seiner Verantwortung für zahlreiche Morde zu belangen. Besonders berühmt ist das Massaker am Valentinstag am 14. Februar 1929, als sieben Mitglieder einer rivalisierenden Gang von Capones Killern ermordet werden. Makabrerweise bricht „Scarface" Capone die Hinterziehung von Steuern bei einigen legalen Geschäften das Genick.

Lesestoff für Leseratten

Kaum waren wir ins Lesealter gekommen, konnten wir Kinderbücher wie „Der Struwwelpeter", Theodor Storms „Der kleine Häwelmann", „Die Häschenschule", illustriert von Fritz Koch-Gotha und mit Versen von Albert Sixtus versehen, hinter uns lassen. Uns stand eine große Auswahl an Lesestoff zur Verfügung, der speziell für Jungen und für Mädchen geschrieben wurde. Neben den Trojanischen Helden und den Märchenbüchern der Gebrüder Grimm, Bechstein, Hauff und Andersen, erwartete uns die Welt der Trivialliteratur, zu der auch die Abenteuerromane von Karl May gehörten. Die „Nesthäkchen"-Reihe von Else Ury, Magda Trotts „Goldköpfchen", „Pucki" oder „Jungmädchens Schritt ins Leben", sowie die „Heidi"-Bücher von Johanna Spyri, waren die Renner bei den Mädchen. Immer wurden Schicksale von Waisenkindern erzählt oder man schilderte das strenge Leben in Mädchenpensionaten. Pädagogen, die in der Tradition der „Jugendschriftenbewegung" standen, forderten, dass es Aufgabe der Jugendliteratur sei, die Entfaltung des „inneren Menschentums" voranzutreiben. Sie wollten uns eher an so genannte „wertvolle" Literatur heranführen, während wir es doch mehr mit dem „verderblichen" Lesestoff hielten, wie die Groschenheftserien über die Stummfilmstars, die zu Helden stilisiert wurden. Wir wollten aufregende Geschichten lesen, in denen Schurken und Diebe ihr Unwesen trieben, die von cleveren jungen Detektiven gejagt und enttarnt wurden. Ein ganz neues Genre der Jugendliteratur, mit gewitzten Großstadtkindern als Helden, schuf Erich Kästner

Erich Kästners „Emil und die Detektive" wird bis heute immer noch gerne gelesen.

mit seinen Romanen „Emil und die Detektive" und „Pünktchen und Anton", die zu großen Erfolgen wurden.

Kirchliche Jugendbünde, Sonntagsschule und Kommunion

Die Trennung von Kirche und Staat in der Weimarer Republik durch mannigfaltige Gesetze vollzogen, gefielen kirchlichen Würdenträgern keinesfalls. Eindringlich warnten sie vor dem „Gottlosen Sündenbabel" und meinten damit die Reichshauptstadt Berlin. Für uns Jungen und Mädchen änderte sich an den überlieferten Werten nicht viel. Nur die wenigsten konnten frei und ungezwungen aufwachsen. Auch wenn unsere Eltern nichts (mehr) mit der Kirche und seinen Institutionen am Hut hatten, mussten manche von uns anderen Heilsbringern folgen. Wenn unsere Eltern in der SPD oder KPD aktiv waren, hatten wir gefälligst an den Aktivitäten der Arbeiterjugend („Roten Falken" oder die Kommunistische Jugend) teilzunehmen. Wir schlossen uns den Jugendorganisationen der sozialistischen Parteien sowie den Pfadfindern oder den Naturfreunden nicht aus politischen Motiven an, sondern weil wir die Gelegenheit nutzten mit Gleichaltrigen zusammen sein zu können, Wanderungen zu unternehmen, Spiele zu spielen und sich geistig weiterzubilden. Wir, die wir noch den Gedanken an Rebellion gegen unsere Eltern und die Institutionen des Staates und der Gesellschaft weit von uns wiesen, suchten nur nach Gelegenheiten, dem Druck seitens der Erwachsenen möglichst oft auszuweichen. Die Ehrfurcht vor dem Alter bestimmte die Werthaltung. Autorität und Gehorsam waren wichtig und natürlich der Glaube. Wer das Glück hatte, einer der diversen katholischen und protestantischen Jungendbünden beitreten zu dürfen, der wurde nicht über Gebühr mir religiösen Problemen behelligt. Natürlich wurden die katholischen Kinder angehalten zur Beichte und Kommunion zu gehen. Und evangelische Kinder mussten in die Sonntagsschule gehen, wo die „Frohe Botschaft" verkündet wurde – und das vor allem mit Gesang. Das Singen, das Wandern, das Zelten, das einfache Leben, raus aus den Städten zurück zur Natur und die Möglichkeit sich sportlich zu betätigen, das zog uns beispielsweise in die vom Evangelischen Jugendwerk organisierte Jungschar, wo wir nicht mehr von Geistlichen, sondern von älteren Jugendlichen geführt wurden.

Die Jugend wird gleichgeschaltet

1933-1936

Das 11. bis 14. Lebensjahr

Disziplin durch Härte oder die etwas andere Art zu wandern und zu singen

„Pimpfe" wurden die Kinder im Deutschen Jungvolk genannt. Noch waren wir Zehn- bis Vierzehnjährigen nicht gesetzlich verpflichtet, der Hitler-Jugend beizutreten, doch viele von uns hatten schon lange darauf gewartet, endlich mit dabei sein zu können. Die Uniform, die jeder Junge von zu Hause bekommen sollte, riss bei vielen Eltern ein ziemlich großes Loch in die Haushaltskasse. Uns war es egal. Durch riesige Propaganda-Aufmärsche sowie Rundfunk und Presse, sollten wir zum Eintritt in die HJ bewogen werden. Uns wurde Indianerleben, Geborgenheit und Naturverbundenheit versprochen. Ein weiterer Schritt, um uns zu begeistern, war die Einführung des Staatsjugendtages im Jahr 1934, der samstags schulfrei bedeutete. Dafür mussten wir allerdings Dienst in der HJ schieben – auch am Sonntag. Jeder neu aufgenommene Pimpf musste eine Verpflichtungsformel nachsprechen: „Ich verspreche, in der Hitler-Jugend allzeit meine Pflicht zu tun in Liebe und Treue zum Führer und unserer Fahne." In den ersten Monaten unserer vierjährigen Zugehörigkeit zum Jungvolk, die wir in Einheiten wie die Horde, den Jungzug oder den Jungbann durchliefen, bereiteten wir uns auf die „Pimpfenprobe" vor, dem Höhepunkt des ersten Jungvolkjahres. Dabei galt es 60 Meter in zwölf Sekunden zu laufen, 2,75 Meter weit zu springen und den Schlagball mindestens 25 Meter zu werfen. Außerdem mussten wir an einer eineinhalbtägigen

Chronik

30. Januar 1933
Hindenburg ernennt Adolf Hitler zum Reichskanzler. Aus Anlass der Machtübernahme paradieren in Berlin Abordnungen der SA, SS und des Stahlhelms mit einem Fackelzug durch Berlin.

27. Februar 1933
Der Reichstag brennt. Kurz darauf erklärt Hermann Göring, der festgenommene Niederländer Marinus van der Lubbe habe im Auftrag der KPD das Feuer gelegt.

23. März 1933
Der Reichstag billigt mit absoluter Mehrheit das Ermächtigungsgesetz und verzichtet damit auf seine Gesetzgebungskompetenz. Nur die 94 SPD-Abgeordneten stimmen dagegen.

1. April 1933
Beginn des Boykotts jüdischer Geschäfte, Ärzte und Rechtsanwälte.

26. Juni 1934
Der FC Schalke wird durch einen Sieg über den 1. FC Nürnberg erstmals Deutscher Fußballmeister.

2. August 1934
Reichspräsident Hindenburg stirbt. Noch am gleichen Tag wird die Wehrmacht auf Hitler vereidigt.

16. März 1935
Wiedereinführung der Wehrpflicht in Deutschland.

22. März 1935
Ausstrahlung des ersten regulären Fernsehprogramms der Welt vom Funkturm Berlin.

26. Juni 1935
Alle Männer zwischen 18 und 25 Jahren unterliegen ab sofort der Reichsarbeitsdienstpflicht.

7. März 1936
Einmarsch deutscher Truppen ins entmilitarisierte Rheinland.

19. Juni 1936
Max Schmeling besiegt in New York Joe Louis durch K.O. in der 12. Runde.

Der Jungzug ist zu seiner anderthalbtägigen Fahrt auf dem Bahnsteig angetreten.

Fahrt teilnehmen, über den Aufbau und die Führung des Fähnleins Bescheid wissen. Wir lernten das „Horst-Wessel-Lied" und das HJ-Fahnenlied sowie die so genannten „Schwertworte", die folgendermaßen lauteten: „Jungvolkjungen sind hart, schweigsam, tapfer und treu. Jungvolkjungen sind Kameraden. Der Jungvolkjungen Höchstes ist die Ehre." Auch wenn viele Spaß an Sport, Schießen oder Singen hatten, für sturen militärischen Drill und die Teilnahme an Zeltlagern mit endlosem Exerzieren konnte sich nicht jeder begeistern. Schon die kleinsten Aufsässigkeiten, die harmlosesten Mängel an der Uniform (braunes Hemd mit Lederknöpfen, schwarzes Halstuch mit braunem Knoten, Koppel mit Runenschloss, Schulterriemen, kurze schwarze Hose, Fahrtenmesser, schwarze Schiffchenmütze), die geringste Verspätung, wurden mit Strafexerzieren geahndet. Zwölfjährige Hordenführer brüllten zehnjährige Pimpfe zusammen und jagten sie durch Feld und Flur. Systematisch wurden wir zu Kampfeshärte und soldatische Ausdauer erzogen, und wir machten – trotz manch verschluckter Träne, Blasen an den Füßen und aufgescheuerter Fußgelenke – zackig mit: Denn wer tüchtig war, hatte die Aussicht als „Jungzugführer" selbst kommandieren zu dürfen.

Die Jungmädels sollten wie die Pimpfe keine Stubenhocker sein.

Das Jungmädel

Um die BdM-Aktivitäten gab es häufig Krach. Viele Eltern akzeptierten zunächst die Organisation der Mädchen weniger leicht als die der Jungen, die weniger Schwierigkeiten hatten. Da die Mädchen traditionell viel stärker an „das Haus" gebunden waren als die Jungen, wurden sie von den Eltern stärker kontrolliert. So holten viele Mütter ihre Töchter von den Heimabenden ab, während sich die Führerinnen bemühten, die besorgten Eltern von der Wohlanständigkeit des BdM zu überzeugen. Die Möglichkeit, mit Gleichaltrigen zusammenzukommen, zu spielen und zu wandern, das Gefühl von Kameradschaft und Gemeinschaft, soziale Aktivitäten und vor allem das Sammeln für das Winterhilfswerk, stärkte das Selbstwertgefühl der Mädchen in der Familie. Im Klima von Überwachung und Unterdrückung seitens des Nationalsozialismus nutzte so manches Mädchen ihre Stellung im BdM, sich gegen autoritäre Eltern aufzulehnen, die zudem noch kritisch gegen das Regime eingestellt waren. Mit den Worten „ich muss zum Dienst" entzogen sich viele Mädchen den häuslichen Pflichten, um sie gegen die Pflichten im allgemeinen Jungmädeldienst einzutauschen. Zu den wöchentlich stattfindenden Heim- und Sportnachmittagen gab es die Fahrt, das Lager, den Gruppenappell, die Feierstunde, das Sportfest. Mut, Geschicklichkeit und Geistesgegenwart waren – wie bei den Pimpfen – die Grundforderungen, die der Jungmädelsport verlangte. Als Ziel der Leibeserziehung im Jungmädelbund galt das Leistungsabzeichen der Jungmädel, das die abschließende Leistungsprüfung aller 13- und 14-jährigen Mädchen vor ihrer Überweisung in den BdM bildete. Die Bedingungen wurden sowohl im Sportdienst als auch in Heimabend und im Lager erfüllt. Neben den Leistungen im Sport (Laufen, Springen, Werfen, Schwimmen über 100 Meter und Hechtrolle über zwei Mädel), die mit der Vergabe von Siegernadeln und großen Ehrungsfeiern ihren Abschluss fanden, stand an den Heimabenden die Verpflichtung auf den Führer, die Kenntnisse der Symbole der HJ und der Heimatgedanke im Vordergrund. Wenn die Jungmädel auf ihre eineinhalbtägige Fahrt gingen, zogen sie mit ihrer Uniform, die aus einem dunkelblauen Rock mit Gürtel, weißer Bluse mit schwarzem Halstuch und Lederknoten sowie einer braunen Kletterweste mit Lederknöpfen bestand, singend und mit der Fahne vornweg zum Bahnhof. In der Jugendherberge oder im Lager mussten die Mädchen Betten bauen, Küchendienst leisten, das Fahrtengepäck packen, Karten lesen lernen und die wichtigsten Baum- und Getreidearten kennen.

Die Rangabzeichen der HJ

Die Ränge in der Hitlerjugend sind: Kameradschaftsführer, Scharführer, Gefolgschaftsführer, Unterbannführer, Bannführer, Oberbannführer, Hauptbannführer, Gebietsführer, Obergebietsführer und Führer des Stabes der Reichsjugendführung. Die Ränge im Deutschen Jungvolk sind: Hordenführer, Oberhordenführer, Jungenschaftsführer, Oberjungenschaftsführer, Jungzugführer, Oberjungzugführer. Alle genannten Dienstgrade werden am rechten Oberarm auf runden schwarzen Scheiben in Form von weißen Winkeln in folgender Reihenfolge angebracht: 1 Winkel, 2 Winkel, 1 Stern, Stern und 1 Winkel, 2 Sterne und 1 Winkel.

Die HJ: Jugend als Menschenmaterial

„Flink wie Windhunde, zäh wie Leder und hart wie Kruppstahl" möchte Hitler seine „Hitler-Jugend" haben, als biologisches und technisches Material für seinen Krieg. Den Namen „Hitler-Jugend" erfindet der „Frankenführer" Julius Streicher, Schöpfer der Hetzschrift „Der Stürmer". Am 30. Oktober erhebt Hitler Baldur von Schirach zum „Reichsjugendführer" der NSDAP. Die Hitler-Jugend kommuniziert in riesigen Aufmärschen mit ihrem Führer. Der Jugend wird die triumphale Botschaft verkündet: „Die Jugend hat immer recht!" Welche Aufgabe die HJ besitzt, in der seit dem 1. Dezember 1936 alle Jugendlichen vom 10. bis zum vollendeten 18. Lebensjahr verpflichtet sind Dienst zu tun (auch gegen den Willen der Eltern), erklärt Hitler auf dem Reichsparteitag von 1935: „Der Knabe, er wird eintreten in das Jungvolk und der Pimpf, er wird kommen zur Hitlerjugend, er wird dann einrücken zur SA, in die SS und die anderen Verbände ..."

Heimarbeit und Ferienarbeit

Geld war immer knapp, selbst für die Erfüllung bescheidenster Wünsche. Wer das Pech hatte in einer Familie aufzuwachsen, in der Kinder und Jugendliche zum Lebensunterhalt ihren Beitrag zu leisten hatten, klebte beispielsweise in der Heimindustrie des Erzgebirges Beine, Schwänze, Hörner und ähnliche Dinge an Holzspielsachen, oder fuhr mit dem Bollerwagen, die von ihren Müttern genähten Stoffe zur Weiterverarbeitung in die Kleiderfabriken. Andere, die sich „nur" ein paar Pfennige verdienen wollten, schleppten auf Bahnhöfen den Reisenden die Koffer vom Bahnsteig zu den Droschken, trugen Zeitungen aus oder kehrten betuchteren Nachbarn Hof und Straße. Auf dem Land gab es immer viel zu tun. Wir halfen bei der Heuernte und der Kartoffelernte mit, hüteten die Kühe, waren beim Dreschen von Getreide mit von der Partie. Leider gab es für solcherlei Tätigkeiten nur selten Geld, sondern Naturalien: ein Sack Kartoffeln oder Milch und Butter. Lukrativer war natürlich der Handwerksbetrieb, die Fabrik oder eine Kohlengrube, wo man während der Sommerferien schon mal die Schwere der Arbeit kennen lernen konnte. Am Fließband sortierten vornehmlich Mädchen die geförderte Kohle aus, während die Jungen vor Ort mit einer kurzförmigen Schaufel die Kohle auf die Schüttelrutsche brachten, von wo aus sie in die Lore gefüllt wurde. Oft blieb uns von dem verdienten Geld nicht viel übrig. Entweder wurde es als Kostgeld einbehalten oder „für später" auf einem Sparbuch festgelegt.

Abenteuer Radio

Radio machen war in den zwanziger und frühen dreißiger Jahren noch ein großes Abenteuer, Radio hören war es nicht minder. Es war schon eine Sensation, wenn eine Familie – in erster Linie in den Städten – ein Radiogerät besaß. Damals musste man dazu noch einen Kopfhörer benutzen. Und als die ersten Töne aus diesem Ding kamen, war das total mysteriös. Eine völlig neue Welt eben. Wer von uns in der Nähe eines Mittelsenders wohnte, konnte mittels eines Stücks gespannten Drahts diesen mit einem selbst gebauten Detektor empfangen – ohne Strom. Anfang der dreißiger Jahre kamen Geräte auf den Markt, die Empfangsapparat und Lautsprecher in einem Gerät vereinten. Jetzt wurde das Radiohören zum Gemeinschaftserlebnis und zum wichtigsten Propaganda-Medium für die Nationalsozialisten. Schon die Reportage über den Fackelzug am 30. Januar 1933,

Volksempfänger

als SA-Verbände im Gleichschritt an der Reichskanzlei vorbeimarschierten – in die Adolf Hitler ein paar Stunden zuvor Einzug hielt – vermittelte uns die Zukunft des Radios, die auch die bescheidenen, aber hoffnungsvollen Anfänge des Kinder- und Jugendfunks an den neuen ideologischen Grundsätze ausrichteten. Wir, die wir soeben in die Radiowellenwelt eingestiegen waren, bekamen in erster Linie völkische Hörspiele und Sportsendungen zu hören. Der erste Volksempfänger VE 301 kam 1933 auf den Markt und kostete 75 Reichsmark. Die Typenbezeichnung erinnerte dabei an den 30. Januar 1933, den Tag der Machtergreifung durch die Nazis.

Zuerst brennen die Bücher...

Die Gleichschaltung der Literatur und Wissenschaft wird schon kurz nach Hitlers Machtergreifung eingeleitet. Am 15. Februar 1933 wird der Präsident der Sektion Dichtkunst, Heinrich Mann, sowie Käthe Kollwitz zum Ausscheiden aus der Preußischen Akademie der Künste gezwungen. Am 7. Mai veröffentlicht der Börsenverein Deutscher Buchhändler eine Liste „undeutscher" Titel und Schriftsteller, die aus dem Sortiment entfernt werden sollen. Am 10. Mai finden unter der Regie von Goebbels Bücherverbrennungen in Berlin und in anderen Universitätsstädten statt. In Berlin wird neben der Staatsoper eine geradezu mittelalterliche Veranstaltung zelebriert. Auf den von Nazistudenten, nationalistischen Verbänden und SA-Leuten geschürten Scheiterhaufen fliegt alles, was Deutschland in Literatur und Wissenschaft in jüngerer Zeit zu Ansehen brachte.

Schule im braunen Geist

Mit dem Hitler-Gruß der Lehrer und Schüler begann der Unterricht, der sich künftig an den Kriterien Leistung und Auslese orientieren sollte. „Du bist nichts, Dein Volk ist alles!" Diesen Spruch bläuten uns linientreue Lehrer ein, die das NS-Gedankengut vehement verbreiteten. Doch die Fachlehrer und Pädagogen, die sich politisch zurückhielten oder sich gar nicht äußerten, waren eher die Regel. Natürlich konnten sich Lehrer und Schüler in ihrer Gesamtheit nicht dem Einfluss der NSDAP auf das Schulwesen entziehen. Einzelne Schulfächer waren besonders durch die nationalsozialistische Weltanschauung geprägt, wie die Einführung von „Rassenkunde" und die „Umschreibung" des Geschichtsunterrichts aus NS-Sicht. Die Erziehung zum Rassebewusstsein wurde uns ebenso eingetrichtert, wie der „Führerkult" und die Inszenierung der Volksgemeinschaft. Im Musikunterricht übten wir völkische Lieder ein und im Geschichtsunterricht verdeutlichten uns die Lehrer den Verlauf wichtiger Schlachten durch Zinnsoldaten. Wir Jungen und Mädchen sollten die Schule nicht irgendwann als halbe Pazifisten und halbe Demokraten verlassen, sondern als ganze Deutsche. Im Biologieunterricht wurde vor allem über die Reinheit des Blutes gesprochen. Im Deutschunterricht wurden Werke von HJ-Autoren und Weltkriegsliteratur behandelt, wie „Sieben vor Verdun" oder „Gruppe Bosemüller". Wir mussten Aufsätze über Themen wie „Warum brauchen wir ein Reichsheer?" schreiben. Ein kurioses Unterrichtsfach war „Briefmarkenkunde", mit der angeblich die Erdkundekenntnisse verbessert werden sollten.

In ihren schwarzen Anzügen haben sich diese Konfirmanden zum Gruppenfoto aufgestellt.

Konfirmation

Die „Deutschen Christen" hatten seit 1933 im Reich das Sagen, die sowohl den Interessen der deutschen Nation – also des Nationalsozialismus – wie denen des christlichen Glaubens dienten. Für die evangelischen Mädchen und Jungen änderte sich am Konfirmationsunterricht nichts, der ein Jahr lang vor der Konfirmation einmal wöchentlich abgehalten wurde. Im Unterricht mussten wir viele Bibelsprüche und Psalmen, Gesangbuchlieder und Katechismusstücke auswendig lernen. Der Besuch des Sonntagsgottesdiensts war Pflicht und oftmals mussten wir die Predigten in Kurzform nachschreiben. Die Konfirmation, für die die Jungen ihren ersten Anzug und die Mädchen ein seidenes Kleid bekamen, fand üblicherweise am Palmsonntag statt. Einen Sonntag vorher fand die Prüfung statt, die in der Kirche vor der ganzen Gemeinde abgehalten wurde. In der Woche vor der Konfirmation wurden die Taufe und das heilige Abendmahl durchgesprochen. Im Konfirmations-Gottesdienst sprachen wir das Glaubensbekenntnis und nahmen an der ersten Abendmahlsfeier teil. Anschließend bekamen wir den vom Pfarrer ausgesuchten Konfirmationsspruch in Form einer Urkunde überreicht. Weniger feierlich ging es zu Hause zu. Das Mittagessen fiel etwas üppiger aus als sonst und nachmittags trafen sich die Familienangehörigen sowie Freunde und Bekannte aus der Nachbarschaft zu Kaffee und Kuchen. Viel wichtiger für uns waren die Geschenke. Neben den üblichen Blumen-Präsenten gab es HJ-Dolche oder das Buch „Der Hitlerjunge Quex". Letztmalig bekamen wir von unseren Paten ein Couvert mit Geld zugesteckt, die sich damit aus der religiös-erzieherischen Mitverantwortung für uns verabschiedeten. Und wir selbst hatten fortan nicht mehr den starken Drang, uns an kirchlichen Aktivitäten zu beteiligen. HJ und BdM nahmen uns immer mehr in Beschlag – auch sonntags.

„Das heilige Buch"

Die Bibel des Nationalsozialismus ist Hitlers „Mein Kampf", das fortan in keinem deutschen Haushalt mehr fehlen darf – nur gelesen wird es selbst von Parteigenossen kaum. Ein NS-Literat ereifert sich im November 1933 in „Die neue Literatur" für das „Buch zum Durcharbeiten und Durchlesen". Er erklärt „Mein Kampf" zum „heiligen Buch" des neuen Deutschland: „Es gibt in Deutschland noch Volksgenossen, Häuser und Familien, die des Führers Werk nicht besitzen. Der Buchhandel sorge dafür, dass ‚Mein Kampf' in jeder deutschen Familie zu finden ist." Ab Mai 1936 erhalten alle Brautpaare eine Ausgabe von Hitlers Hetzschrift.

Nationalsozialistische Eliteschulen

„Mit Wissen verderbe ich mir die Jugend", erklärt Hitler, der in den nationalsozialistischen Eliteschulen, den Napolas, „eine herrische, unerschrockene und grausame Jugend" heranzüchten will. Ihre Leiter sind zumeist alte Kämpfer aus den Reihen der SA und SS, die tüchtige Jungen ohne Ansehen der sozialen Herkunft in technischen und militärischen Lehrgängen instruierten. Ausgelesen werden die „Jungmannen" der Napolas aus den begabten, körperlich leistungsfähigen und politisch viel versprechenden Knaben der 3. und 4. Volksschulklassen, bei denen natürlich Blut und Rasse stimmen muss. Auf Ehre, Wahrhaftigkeit, Treue, Bereitschaft zu Opfer und zu Hingabe an das Ganze wird der Lehrplan ausgerichtet. Die musischen Fächer erhalten breiten Raum wie auch die Körperertüchtigung, die letztlich in eine vormilitärische Ausbildung mündet. Drei Viertel der Napola-Zöglinge melden sich als Offiziersanwärter bei Wehrmacht und Waffen-SS.

Holzsammeln für die Sonnenwendfeier. Bericht aus „Der kleine Genossenschafter".

Die Jugendweihe

Auch wenn die Konfirmation noch immer die Regel war, so kam in den völkisch gesinnten Kreisen die nationalsozialistische Jugendweihe immer mehr in Mode. Nachdem die alte freireligiöse Jugendweihe zunächst verboten wurde, ersetzten sie die Nazis alsbald durch ihre eigene, die den allgemeinen christlichen Glauben als widersprüchlich darstellte. Mit einer kruden Mischung aus germanischer Mystik und der Darstellung Gottes als „Urgrund" wurden wir Pimpfe auf unsere Verpflichtungen als Jungmannen in der Hitler-Jugend vorbereitet. Rasse, Krieg und das Führerprinzip wurde uns als eine von Gott bestimmte Vorhersehung erklärt. So erhielt die Jugendweihe den Charakter eines göttlichen Gebotes, wie auch die Sonnenwendfeier. Verbunden war die Jugendweihe mit der Übergabe des Seitengewehrs, auf dessen Klinge der Spruch „Mehr sein als Schein" stand. Gemeinsam mussten wir Jungmannen das Gelöbnis ablegen, dem Führer Adolf Hitler Treue und Gefolgschaft zu leisten.

Auch im Sportdress war uniformiertes Erscheinungsbild erwünscht.

Die Uniform

So allgegenwärtig wie das Hakenkreuz war für uns nun die Uniform. Wir Jungen und Mädchen entgingen immer seltener der Pflicht zur Uniform, egal ob im Kino oder beim Rollschuhfahren. Höchstens abends konnten wir sie schon mal gegen einfache, schlichte Kleidung eintauschen. Die Uniform vermittelte ein Gefühl von Gruppenzugehörigkeit und war Ausdruck unserer Eingliederung in die Volksgemeinschaft. Sie sollte die Verschiedenheit von Klasse und Stand aufheben, die in der Praxis dennoch nicht die Schranken zwischen Armut und Reichtum verwischte. Nicht alles war umsonst, schon gar nicht die Uniform. Zwar konnten minderbemittelte Eltern für ihre Kinder ein Uniformzuschuss beantragen, doch wer wollte sich schon die Blöße geben, ihnen nicht die Uniform der HJ spendieren zu können. Wer von uns das „Glück" hatte, mit kurz geschorenem Kopf zu einer der Massenaufmärsche oder Massenturnübungen antreten zu dürfen oder zu müssen, war fasziniert von der programmierten Hingabe – vor allem wenn ganze Stadien mit dem Braun der HJ und dem Blau-Weiß des BdM gefüllt waren. Manchmal musste unserer Begeisterung allerdings etwas nachgeholfen werden. Wenn sich z. B. der gehobene Arm nach einer längeren Phase des Hochhaltens etwas abzusenken begann, konnte es passieren, dass wir ihn unsanft wieder hochgeschlagen bekamen. Den Züchtigungen so mancher Lehrer konnten wir durch das Tragen der HJ- und BdM-Uniform entgehen. Sie hätten ja sonst den neuen Staat geschlagen. Wenn die uniformierten Turnerinnen des BdM zu ihren Übungen antraten, weckte das Kürzel BdM bei den Jungen oftmals eindeutige Hintergedanken, wie „Bubi drück mich!" oder „Bald deutsche Mutter".

„Die Nacht der langen Messer"

Adolf Hitler setzt zur Sicherung seiner Nachfolge in der Präsidentschaft auf die Unterstützung der Reichswehr. Die wiederum verlangt im Gegenzug die Beschränkung der Macht der SA. Stabschef Ernst Röhm, Duzfreund von Hitler, ahnt nicht, was ihm und den übrigen SA-Führern bevorsteht. Sie erwarten den Führer am 30. Juni 1934 zu einer Besprechung über ihre zukünftige Rolle in einem Hotel am Tegernsee. Hitler kommt, aber nicht mit der Absicht zu verhandeln, sondern um Röhm zu verhaften, der im Gefängnis von Stadelheim erschossen wird. Gleichzeitig werden alle politischen Opponenten und Widersacher innerhalb der Nazi-Führung gleich mit umgebracht, darunter General Schleicher, Gregor Strasser und zwei der engsten Mitarbeiter Papens.

Die Nürnberger Gesetze

Am 15. September 1935 wird auf dem NSDAP-Parteitag in Nürnberg das Reichsbürger-Gesetz verkündet, das festlegt wer Staatsangehöriger ist. Göring bellt bei der Verkündung ins Mikrofon: „Reichsbürger ist nur der Staatsangehörige deutschen oder artverwandten Blutes, der durch sein Verhalten beweist, dass er gewillt und geeignet ist, in Treue dem deutschen Volk und Reich zu dienen." Juden werden faktisch zu rechtlosen Individuen erklärt. Eheschließung und auch außerehelicher Verkehr zwischen Juden und „Ariern" sind verboten. Bei Zuwiderhandlung werden drakonische Strafen gegen so genannte „Rasseschänder" verhängt. Mit Kriegsbeginn wird der Rassismus zum Element psychologischen Terrors gegen die eigene Bevölkerung: Die in ihrer Mitte stattfindenden Judendeportationen erzeugen eine Atmosphäre der unbestimmten Drohung gegen jeden, der sich im Widerstand von Hitlers „Volksgemeinschaft" ausschließt.

Trotz Zöpfen und Kniestrümpfen gaben sich viele Mädchen dennoch burschikos und selbstbewusst.

Pubertät und Züchtigkeit

Wir 12- bis 14-Jährigen waren damals nicht in der Pubertät. Die mit den körperlichen Veränderungen einhergehenden sexuellen Regungen wurden als Verirrungen abgetan, die mit kalten Duschen und mit eiserner Disziplin unterdrückt wurden. So fühlten wir uns mit unseren Nöten und Fragen allzu oft allein gelassen. Die 12- bis 14-Jährigen waren damals nicht in der Pubertät, sondern wir Jungen waren nur im „Flegelalter" und die Mädchen im „Zickenalter". Statt Aufklärung gab es Gleichschritt, Weihestunden und pathetische Ansprachen. Besonders die Mädchen, die keusch und züchtig und erst nach der Heirat Mutter werden sollten, wurden ermahnt sich anständig aufzuführen und mit Schriften wie „Das fröhliche Hochzeitsbuch", „Wie benehme ich mich richtig" oder „Die Stütze der Hausfrau" traktiert. Die Jungen sollten sich gefälligst weniger mit den eigenen Problemen beschäftigen, sondern sich nach Möglichkeit jeweils vormittags und abends je eine Stunde körperlich schulen. Das sollte die blitzschnelle Entschlusskraft fördern und den Körper stählen. Der Rest würde sich dann sowieso von selbst erledigen.

Idylle am Brunnen. Trotz Aufmärschen und Hakenkreuzbeflaggung gab es noch Spaß und Freizeit ohne Uniform.

Wir essen Eintopf

Üppig und erlesen war unser Speiseplan nun wirklich nicht. Es machte uns nicht viel aus, im Rahmen des seit 1933 durchgeführten Winterhilfswerks an jedem ersten Sonntag im Monat Eintopf zu essen. Schließlich waren die deftigen Mahlzeiten nahrhaft und schmackhaft. Mal löffelten wir Hamburger Frikassee mit Kohl, mal geschmorte Wurstkartoffeln mit Blutwurst aus dem Topf. Da das Eintopfgericht billiger war, als eine gewöhnliche Sonntagsmahlzeit, sollte die Differenz an das Winterhilfswerk abgeführt werden. Aber so korrekt waren unsere Eltern selten und wir schon gar nicht. Die Spenden fielen eher moderat aus, und wir kümmerten uns wenig darum, ob das Eintopfmahl der deutschen Volksgemeinschaft diente oder ob es zu einem neuen Volksbrauch heranwachsen sollte. Solange der Fleisch- und Wurstanteil stimmte, war es uns egal für welchen Zweck wir im Eintopf stochern sollten. Trotz Indoktrination durch die HJ, beim Essen waren wir alles andere als opferbereit.

Sonderheft der Berliner Illustrirten Zeitung über die XI. Olympischen Spiele in Berlin.

Olympische Spiele 1936

Für die NS-Regierung bietet die Vergabe der Olympischen Spiele an Berlin eine einmalige Chance, der ganzen Welt die kulturellen und sportlichen Leistungen des neuen Deutschland vorzuführen. Allerdings steht die weltanschauliche Praxis des Dritten Reiches den kulturellen Prinzipien des Sports und der völkerverbindenden Idee der Olympischen Spiele völlig entgegen. Mit gezielten Pressemeldungen über die Hochschätzung der olympischen Ideale im neuen Deutschland wird die Weltmeinung vor der Eröffnung der Spiele bombardiert. Die USA stimmen nur mit knapper Mehrheit gegen einen Boykott, was in Berlin freudig begrüßt wird. Das Völkerfest wird am 1. August 1936 vor 120 000 Zuschauer von Adolf Hitler im Olympiastadion eröffnet. Wie schon zuvor bei den Winterspielen in Garmisch-Partenkirchen, verschwinden judenfeindliche Parolen aus dem öffentlichen Leben. Jüdische Sportler dürfen hingegen nicht an den olympischen Wettbewerben teilnehmen. Den faden Nachgeschmack, den die Berliner Olympiaschau im Ausland hinterlässt, vermag auch Leni Riefenstahls verklärender Olympiafilm nicht zu beseitigen.

Kino zwischen Propaganda und Unterhaltung

Der Wille zum Einsatz, unbedingter Gehorsam dem Einsatzleiter gegenüber, manifestierte sich in der Filmfigur des Hitlerjungen Quex. Es gab wohl kaum einen von uns, der den Film um den jungen HJ-Helden Heini Völker nicht gesehen hatte. „Hitlerjunge Quex", mit Heinrich George in der Rolle des haltlosen wie sadistischen Vaters, der seinen Sohn an die „Bewegung" verliert, gehörte zum Pflichtprogramm, das Lehrer und Schüler statt des Unterrichts im Kino zu absolvieren hatten. Kinder- und Jugendfilme, die nicht für die NS- Ideologie und die NS-Organisationen Werbung machten, wie „Die Bande von Hoheneck" (1934) oder „Wunder des Fliegens" (1935), gab es natürlich auch. Insbesondere die Märchenfilme von Hubert Schonger, die meistens aus der Sammlung der Brüder Grimm und von Wilhelm Hauff stammten, wurden von uns gerne gesehen, wie auch die Puppentrickfilme von Ferdinand Diehl. Speziell für Mädchen gab es Filme mit so markigen Titeln wie „Reifende Jugend" oder „Das Mädchen Irene". Natürlich gab es noch viele ausländische Filme, die wir zwar nicht in den Jugendfilmstunden der HJ sahen, die uns dafür aber in die Kinosäle lockten. „Die kleinen Strolche" und „Dick und Doof" brachten uns einfach mehr zum Lachen, als Hans Moser, Theo Lingen oder Heinz Rühmann. Genusswillig wie wir waren, erfreuten wir uns schließlich auch an der Verfilmung von Heimatlichem, Musikalischem und Menschlichem. Die UfA hatte in den 30er Jahren Hochkonjunktur.

Der Volkswagen nimmt Gestalt an

1935 wird der erste Volkswagen vorgestellt. Hitler verlangt vom Volkswagen eine Dauergeschwindigkeit von mindestens achtzig Kilometern, geringen Treibstoffverbrauch, Platz für vier Personen und einen volkstümlichen Preis. Ein Jahr später verlässt das Modell „V 3" die Montagehalle in Wolfsburg. Die Haube des Motors, der im Heck untergebracht ist, wird kleiner und ist leicht zu öffnen. Die Kühlrippen, die zugleich das Rückfenster bilden, werden breiter als beim Prototyp. Die hohen Ansprüche, die an den Volkswagen gestellt werden, erfüllt der „V 3" noch nicht. 1937 wird der VW immer windschnittiger. Das neue Versuchsmodell ist schlanker, die Motorhaube kleiner, die Kotflügel, die von der versteiften Karosserie getrennt sind, lassen sich einzeln abnehmen. 1938 besitzt das Model „VW 38" die vollendete Form. Das Heck ist verschönert, zwei Rückfenster und Platz für fünf Personen sowie für Gepäck im Fond lassen ebenso aufhorchen wie die Dauergeschwindigkeit von 100 Kilometer. Erst dieser nach jahrelangem Test vollendete Wagen ist laut „Berliner Illustrirte Zeitung" vom 9. Februar 1939 der „KdF-Wagen" des deutschen Volkes.

Der Schatten des Krieges dämpft die Zukunftserwartungen

1937–1941

Das 15. bis 18. Lebensjahr

Antreten in der Hitler-Jugend

Um uns Heranwachsende dazu zu bewegen in die Hitlerjugend einzutreten, lief eine gewaltige Werbekampagne. Geworben wurde mit Fahrten und Zeltlagern. Die Reiter-, Motor-, Flieger-, Marine-, Nachrichten-HJ sprach die technisch begabten und sportlichen Jugendlichen unter uns an. Diejenigen Jugendlichen, deren Talente im künstlerischen Bereich lagen, konnten sich bei Fanfarenzügen und Theaterspielscharen betätigen. Feiern wie zur Sommersonnenwende oder zum Gedenken an die „Märtyrer der Bewegung", versprachen uns das Erlebnis von Gemeinschaft. Wer der HJ nicht beitrat, zählte als Außenseiter. Die Aufgabe der Hitler-Jugend bestand darin, uns im Sinne der herrschenden nationalsozialistischen Ideologie zu erziehen und zu beeinflussen. Der Alltag in der Hitler-Jugend war militärisch organisiert, gegliedert in die Schar, die Gefolgschaft sowie den Stamm und den Bann. Auf dem täglichen Stundenplan standen Exerzieren, jede Art von Sport, Schießübungen, Fahnenappelle, Geländemärsche und Zeltlager. Fahrten durch Deutschland ergänzten das Programm. Bei all diesen Übungen und Veranstaltungen kam es den Führern der Hitler-Jugend nicht darauf an, uns zu selbstständigem und kritischem Denken anzuregen, sondern uns körperliche Tüchtigkeit beizubringen und soldatische Disziplin einzutrichtern. Dabei sollte vor allem unser Gefühl und unser Empfinden angesprochen werden, das besonders bei den gemeinsamen Ausflügen und Fahrten zu

Chronik

26. Juni 1937
Das deutsche Flugzeuggeschwader „Legion Condor" bombardiert im Spanischen Bürgerkrieg die baskische Stadt Guernica.

6. Mai 1937
Das Luftschiff LZ 129 „Hindenburg" geht bei der Landung in Lakehurst in Flammen auf. 36 Menschen sterben in dem Flammenmeer.

5. August 1938
Anlässlich der Eröffnung der 15. Deutschen Rundfunkausstellung gibt Goebbels die Fertigstellung der ersten 100 000 „Deutschen Kleinempfänger 1938" bekannt. Das Radio kostet 35 RM.

29. September 1938
Anlässlich der Sudetenkrise und der ultimativen Drohung Hitlers in die Tschechoslowakei einzumarschieren, erzielen Daladier, Mussolini und Chamberlain ein Abkommen, das die Angliederung des Sudetenlandes an Deutschland absegnet.

23. August 1939
Reichsaußenminister von Ribbentrop unterzeichnet in Moskau den Deutsch-Sowjetischen Nichtangriffspakt.

1. September 1939
Hitler erklärt vor dem hastig einberufenen Reichstag: „Ich habe mich nun entschlossen, mit Polen in der gleichen Sprache zu reden, die Polen uns gegenüber seit Monaten anwendet … Seit 5.45 Uhr wird zurückgeschossen!"

10. Mai 1940
Die stärkste bis dahin je gesehene Panzerarmee der Kriegsgeschichte setzt sich gegen die Ardennen in Bewegung. 43 Tage später muss ein geschlagenes Frankreich harte Waffenstillstandsbedingungen unterschreiben.

22. Juni 1941
Hitler führt mit dem Überfall auf die UdSSR das Deutsche Reich in den Zweifrontenkrieg.

1. September 1941
Der „Judenstern" wird Pflicht.

Ausweisfoto für das Flugbuch der Flieger-HJ.

einem nachhaltigen Gesamterlebnis wurde. Weiterhin wurden wir Hitler-Jugend zum Hilfsdienst für das „Winterhilfswerk" (WHW) herangezogen. Wir mussten mit Sammelbüchsen auf der Straße Geldspenden erbetteln, Abzeichen verkaufen und beim Sortieren und Verpacken der Sachspenden mithelfen. Einer der für uns attraktivsten Programmpunkte waren die Jugendfilmstunden, die seit 1934 einmal monatlich veranstaltet wurden. Im selben Jahr begann die HJ auch eigene Filme herzustellen. Bis zum Kriegsende entstanden rund 15 kurze und mittellange Filme (z. B. „Die Stadt der weißen Zelte") sowie eine sechsteilige Reihe von Wochenschaubeiträgen, die 1942/1943 unter dem Titel „Junges Europa" in den Kinos liefen. Es gab auch einen vorerst freiwilligen Reichsarbeitsdienst (RAD) für Jugendliche. Ab 1935 wurde dieser Pflicht für die männliche und ab 1939 für die weibliche Jugend. Dieser Dienst wurde u. a. beim Bau von Straßen, Kanälen und Befestigungen (z. B. dem Westwall) eingesetzt.

BdM

Das NS-Regime weist den Mädchen von frühester Jugend an ihre Rolle als Trägerin der nationalsozialistischen Weltanschauung zu. „Das Ziel der weiblichen Erziehung hat unverrückbar die kommende Mutter zu sein", erklärt Hitler. Das Hauptgewicht liegt dabei vor allem auf der körperlichen Ausbildung, erst dann auf der Förderung der seelischen und zuletzt der geistigen Werte. „Wie der Junge nach Kraft strebt, so strebt das Mädel nach Schönheit. Aber der BdM verschreibt sich nicht dem verlogenen Ideal einer geschminkten und äußerlichen Schönheit, sondern ringt um jene ehrliche Schönheit, die in der harmonischen Durchbildung des Körpers und im edlen Dreiklang von Körper, Seele und Geist beschlossen liegt." Mit solchen blumigen Worten beschreibt Baldur von Schirach den erzieherischen Auftrag des Bund Deutscher Mädel. Zur Fortsetzung dieser Erziehung wird das BdM-Werk „Glaube und Schönheit" geschaffen, in dem die 17 bis 21 Jahre alten deutschen Mädchen erfasst werden sollten.

Reklameabbildungen aus dem Jahrbuch des BdM 1937.

BdM-Mädel tragen Zöpfe

Nicht nur zur Vorbereitung auf die Mutterrolle und Hausfrau diente der „Bund deutscher Mädel". Auch die Mädchen sollten Trägerinnen der nationalsozialistischen Weltanschauung sein, also nicht nur in die Familie eingebunden sein und geschlechtsspezifische Arbeiten leisten. Darum war der BdM für die meisten Mädchen eine aufregende Sache, da man mithelfen konnte beim Aufbau eines besseren Deutschland. Hinzu kam die Möglichkeit, sich von der Bevormundung durch die Eltern zu lösen. Sport, Spiel und Gesang, die Gelegenheit, einmal in die Natur herauszukommen und lustige Heimabende zu veranstalten, das förderte das Gefühl – in der „Mädelschar" oder der kleinen „Mädelschaft" – einer verschworenen Gemeinschaft anzugehören. In den Tanzgruppen warfen die Mädchen, die lange Zöpfe trugen und sich sogar Kränze ins Haar banden, die Arme hoch und bogen sich hin und her. Dennoch war nicht alles eitel Sonnenschein. Neben der unvermeidlichen weltanschaulichen Schulung war nicht nur Keulenschwingen angesagt, sondern Marschieren in jeder Form. Hinzu kamen Geschicklichkeitsübungen und Mutproben, die die Mädchen auf sich nahmen, um nicht als Versagerinnen zu gelten. Leistung und Disziplin waren die obersten Gebote. Die Besten wurden ausgezeichnet und rückten in Führungspositionen auf. Die Aufgabe des Mädchenbundes wurde im Volksmund weniger respektgebietend gekennzeichnet: „Bedarfsartikel deutscher Männer" oder „Bund deutscher Milchkühe" – das waren die häufigen Interpretationen der Initialen BdM.

Lagerfeuer und Flaggenappell

Die Heimabende der Hitler-Jugend waren oft von großer Inhaltslosigkeit. Die meiste Zeit ging mit dem Einkassieren der Beiträge, mit dem Führen von Listen und mit dem Einpauken von Liedertexten drauf, in denen immer wieder Begriffe wie „Vorwärts", „Deutschland" und „das Reich" vorkamen. In besserer Erinnerung waren uns die Wochenendfahrten mit Wanderungen, Sport, Lagerfeuern und Jugendherbergen. Höhepunkt unseres HJ-Lebens war das Lager, das runde zwölf Stunden Dienst bei acht Stunden Schlaf und zwei Stunden Freizeit bedeutete. Wir schliefen in Zelten, wir froren in unseren Wolldecken und wurden nass, wenn der Wind den Regen gegen die Zeltwand peitschte. Die Lagerfahne wurde zum Flaggenappell gehisst, Wachen wurden aufgestellt und Jungen bestimmt, die die Verpflegung übernahmen. Der Tagesplan sah in erster Linie Sport vor, der paramilitärischen Charakter hatte. Geländespiele, Nachtmärsche, weltanschauliche Schulung und gemeinsames Singen von alten und neuen Volksliedern sowie Liedern der einstigen Jugendbewegung und nationalsozialistisches Liedgut, die leicht mitzusingen waren, da sie im Rhythmus an marschierende Truppen erinnerten, kamen hinzu. Wir konnten schon mal aus der Gruppe ausscheren, auch mal die Sau rauslassen, doch letztlich kehrten wir immer wieder zurück in die Gemeinschaft. Wer bei den Übungen und den Märschen schlapp machte, musste strafexerzieren und wurde von den anderen

Ein Morgen auf einer Gruppenfahrt

Sechs Jungen liegen eingehüllt in ihren Wolldecken im Zelt. Von draußen hört man hin und wieder das traurige Geheul eines Hundes. Vor dem Zelt hocken zwei in Wolldecken vermummte Gestalten — die Wache. Sie hüllen sich fester in ihre Wolldecken, denn der Nachtwind ist noch kühl. Ringsumher ist dunkle Nacht, und über ihnen der weite Sternenhimmel. Vom Walde her hört man das Rauschen des Windes, der in den Ästen merkwürdige Geräusche entfacht. Nach und nach beginnt sich der Himmel im Osten zu klären. Die Strahlen der aufgehenden Sonne geben dem Himmel einen rosigen Schimmer. Die Natur erwacht. Laut schmettern die kleinen Singvögel ihr Morgenlied hinaus und erhalten aus der Ferne Antwort. Bald erscheint groß und mächtig die glührote Sonnenscheibe am Horizont, begrüßt von dem frohen „Kikeriki" eines nahen Hahnes. — — In wenigen Minuten steht die Gruppe, mit Badehosen bekleidet, zum Frühsport angetreten. Im Laufschritt geht es durch wildes Gestrüpp und über breite Bäche, die einen kräftigen Sprung zum Überqueren verlangen. Da glitzert es zwischen den hoch aufschießenden Föhrenstämmen, der Wald lichtet sich, und vor den Augen der Jungen, die jetzt die letzte Spur des Schlafes verloren haben, liegt weitausgedehnt ein glitzernder See. Am Ufer biegen und strecken sich die Körper in stärkenden Freiübungen. Und dann geht's ans Waschen. Eine tolle Wasserschlacht wird dabei geliefert, und danach werden lustige Reiterkämpfe ausgetragen. Schließlich laufen die Jungen zum festen Ufer zurück, und unter lautem Lachen geht's zum Lagerplatz zurück. Eduard Aust.

Photos: Eduard Aust (Wandsbek).

Ein Morgen in HJ-Zeltlager.

Jungen als Schlappschwanz gehänselt. Am Abend saßen wir alle am riesigen Lagerfeuer und unsere Herzen schlugen höher. Losgelöst vom städtischen Leben, der Schule und allen bürgerlichen Formen, starrten wir in die prasselnden Flammen, während die Sterne über uns leuchteten. Ob wir in glühender Sonne durch einen Fluss schwammen oder Schießübungen mit dem Kleinkalibergewehr machten, immer war es für uns Muttersöhnchen ein unvergessliches und herrliches Erlebnis im Lager Selbstständigkeit zu lernen.

Abenteuer verspricht dieses Reklameplakat für die Motor-HJ.

Kriegsspiele

Körperliche Tüchtigkeit und kämpferische Gesinnung, die sollten wir Jungen in der HJ erlangen. „Gelobt sei, was hart macht", lautete die allgemeine Devise. Um uns das auch wirklich schmackhaft zu machen, wurden wir mit der Möglichkeit geködert, uns den Sonder-Organisationen der Hitlerjugend anzuschließen, wie der Flieger-HJ, wo wir das Segelfliegen erlernen konnten und uns beigebracht wurde, uns selbst zu überwinden. In der Marine-, der Motor- und der Nachrichten-HJ wurden körperliche Härte mit technischem Geschick gepaart. Mit Propagandafilmen, die wir in sonntäglichen Jugendfilmstunden sahen, wurden wir auf kommende Kriegseinsätze vorbereitet. Die Aussicht zu fliegen, zu reiten oder mit einem Motorrad durchs Gelände fahren zu können, ließ für uns den eigentlichen Zweck dieser Übungen in den Hintergrund treten. Wenn unsere Ausbilder uns Disziplin und Gehorsam einbläuten, standen wir stramm, schließlich waren wir bereit für unsere Hobbys Kopf und Kragen zu riskieren. Ganze Kerle zu sein, wie die Wehrmachts- und Luftwaffen-Angehörigen, die uns von soldatischen Tugenden und der Lust am Kampf berichteten („Wir Flieger riskieren immer Kopf und Kragen"), das spornte uns an. Der Waffendienst war für uns das erstrebenswerte Ideal. Soldat zu werden und in einer schmucken Panzer-Uniform bei den Mädchen Eindruck zu schinden, das hatte etwas, für das es sich lohnte bis auf die Knochen geschliffen zu werden.

Lehrjahre sind keine Herrenjahre

In der HJ und im BdM wurden wir ständig an unsere Pflichten für Führer, Volk und Vaterland erinnert. Der wirkliche Ernst des Lebens fing für uns mit der Lehre an. Für die Mädchen waren Ausbildungsberufe natürlich nicht in so großer Zahl vorhanden, wie für die Jungen. Sie sollten sich sowieso aufs Kinderkriegen vorbereiten. Und so war eine hauswirtschaftliche Unterrichtung und Schulung sowie eine Tätigkeit als Hausangestellte genau die richtige Vorbereitung für später. Das „Haushaltliche Pflichtjahr" verdonnerte sie zu völkischer Dienstbereitschaft, bei freier Kost und Logis unentgeltlich in fremden Haushalten zu arbeiten. Viele Mütter brachten ihre Töchter bei Verwandten, Bekannten und Freunden unter, und entzogen sie so den „Segnungen" des Pflichtjahres. Natürlich waren die Mädchen auch als Bürokräfte oder Krankenschwestern gefragt. Die Arbeitszeiten waren ebenso wie die der Jungen von Montagmorgen bis Samstagnachmittag. Darüber hinaus mussten wir unseren Lehrherren auch für private Dienste zur Verfügung stehen, wie Besorgungen machen oder den Fuhrpark waschen. Züchtigungen waren noch üblich und die durchschnittliche Entlohnung war nicht der Rede wert. Im 1. Lehrjahr wurden 2,50 Reichsmark pro Woche gezahlt, im 2. Lehrjahr gab es 5 Mark und im 3. Lehrjahr kam man auf 7,50 Mark. Auf großem Fuß konnte man damit nicht leben, aber man war dennoch froh, überhaupt eine Lehrstelle bekommen zu haben, denn Ausbildungsplätze waren rar. Die Vermittlung erfolgte über das Arbeitsamt. Die individuellen Wünsche zählten bei der Berufswahl nur bedingt, sondern stets das „Wohl der Nation". Unsere Lehrzeit war ein Lebensabschnitt, der von kuschen, Dreck weg räumen, nichts richtig machen und Ja sagen bestimmt war. Wir sollten alles wissen müssen und nichts denken dürfen. Nicht wehleidig sein dürfen und schon ein Mann sein müssen. Schon in der Schule und von den Eltern wurde festgelegt, welcher Lehrberuf für uns in Frage kam: „Der kann gut basteln, der geht beim Tischler in die Lehre." Für Mädchen war alles noch viel schwieriger: Nähen lernen, statt höhere Schule, hieß die Losung für sie. Freizeit waren angesichts der langen Arbeitszeiten und des Dienstes in den NS-Organisationen sehr beschränkt, zumal wir versuchten, das karge Lehrgeld noch durch diverse Nebentätigkeiten aufzubessern.

Der Anschluss Österreichs

Als geborenem Österreicher liegt Hitler die Eingliederung seines Heimatlandes ins Reich besonders am Herzen. Zu Beginn des Jahres 1938 zwingt Hitler die österreichische Regierung unter Kurt von Schuschnigg seinen Vasall Seyß-Inquart als Innenminister zu übernehmen. Als Schuschnigg am 11. März 1938 sein Amt niederlegt, ruft Seyß-Inquart den „Schutz" der einen Tag später einmarschierenden deutschen Truppen an. Der Anschluss Österreichs an Deutschland wird am 13. März 1938 vollzogen und am 10. April durch eine Volksabstimmung bestätigt – mit 97 Prozent Ja-Stimmen. Die Entrüstung Londons erschöpft sich darin, dass der britische Premierminister Chamberlain die Aktion scharf verurteilt. Mussolini lässt Deutschland gewähren und Hitler bedankt sich mit den Worten: „Das werde ich niemals vergessen."

Jazz als Oase der Sehnsucht

Auch wenn die Reichsmusikkammer so manche Platte als „unerwünscht" einstufte, ließen sich viele von uns dennoch nicht von ihrer Liebe zu Jazz und Swing abbringen. Auch wenn der „Nigger-Jazz" seit Ende 1935 im Rundfunk nicht mehr gesendet wurde, die Musik von Duke Ellington oder Gene Krupa kursierte auf den Plattenspielern und in vielen Tanzsälen auch weiterhin. Verboten war nicht die Swingmusik, sondern nur der „Swingtanz" (laut einer Verfügung vom 11. Oktober 1938). Die so genannte Swingjugend, die sich ab 1936 in den Großstädten herauskristallisierte, rekrutierte sich vornehmlich aus Jungen und Mädchen der Mittelschicht, die gerne zu dieser Musik tanzten oder – nach ihren eigenen Worten – „hotteten". Die

Swingbands wurden von der Reichsmusikkammer nicht gefördert.

Swingjugend gab sich gepflegt und gut gekleidet, wenn auch mit einem Haarschnitt, der von der Leitung der Hitlerjugend mit größtem Missfallen registriert wurde. Auch das geschminkte „deutsche Mädel" wurde als undeutsch angesehen. Es erforderte schon Mut, sich den Maßnahmen und Vorgaben der HJ und des BdM zumindest teilweise zu widersetzen. Es war ein tolles Gefühl Zweireiher, weite Hose, Hut, Krawatte oder Fliege zu tragen. Laufend wurden die zahlreichen Tanzcafés besucht, um zu Auftritten interessanter deutscher oder ausländischer Kapellen „abhotten" zu können. Diese Art von „Swingtanz" rief natürlich eingefleischte Nazis auf den Plan, obwohl die wenigsten Jazzfreunde wirklich antinazistisch eingestellt waren.

In der Tanzstunde

Auch wenn wir Jugendliche für kommende Aufgaben aller Art gedrillt wurden, die Tanzstunde war für viele von uns eine gerne und mit Freude ausgeübte Pflichtveranstaltung. Die fand allerdings nicht selten in wenig einladenden Hinterzimmern von Gaststätten statt. Der Tanzlehrer brachte ein Sortiment an Schellackplatten mit, die auf einem „modernen" Plattenspieler abgespielt wurden. Auf diese Art wurden uns die gesitteten Tänze wie „Schieber", „Langsamer Walzer", „Langsamer Foxtrott", „Tango", „Polka" und „Rheinländer" beigebracht. Der Abschlussball fand im Beisein der Eltern statt. Die Partner waren fast ausschließlich Klassenkameraden und Kameradinnen oder Bekannte aus der Nachbarschaft. Trotzdem herrschte bei allen TanzschülerInnen dennoch eine große Begeisterung, gab es doch jede Menge Schlager, zu denen wir nicht nur leidenschaftlich tanzten, sondern die wir auch lauthals mitsangen. Es verstand sich von selbst, dass die Kleidung der heranwachsenden jungen Frauen möglichst unauffällig zu sein hatte, um bei uns jungen Männern nicht zuviel Aufmerksamkeit und verbotene Gelüste zu wecken. Zum Abschlussball erschienen sie hochgeschlossen – von oben bis unten dunkelblau. Für die jungen Damen stand danach fest: niemals mehr farblos unterwegs zu sein und keinen Mann zu bekommen, der nicht tanzen kann! Doch die meisten Mädchen gerieten später prompt an einen Nichttänzer.

Kameradschaftlich und platonisch sollte die Liebe vor der Ehe sein.

Die erste Liebe

Wenn die Triebe begannen, uns stärker zu drücken, wurden wir zur geschlechtlichen Selbstzucht angehalten. Die häusliche Erziehung und die in den NS-Jugendorganisationen gepredigte Keuschheit und Reinerhaltung des Blutes taten ihr Übriges. Trotz des Anblicks der im knappen Sportdress (trägerlose Baumwollhemdchen und schwarze Satinhemdchen) angetretenen BdM-Turnerinnen mussten wir heranwachsenden jungen Männer schweren Herzens Zurückhaltung üben. Mit flotten Sprüchen kompensierten wir unser Verlangen, denn selten gab es Gelegenheit, aus der uns verordneten Keuschheit auszubrechen. „Ein deutsches Mädchen ist keusch und züchtig, und erst nach der Heirat wird es Mutter", bekamen wir zu hören. Verrufen war jede Form von Kosmetik und das Anlegen von Schmuck. Dennoch ließen wir es uns nicht nehmen, uns wie zu allen Zeiten zu verlieben, auch wenn wir die ersten zarten, errötenden Regungen, die meistens von Sehnsüchten geprägt waren, als Schwärmerei abtaten. „Mein Schwarm", nannten wir unsere schüchterne Hinwendung zum anderen Geschlecht. Wie waren selig, wenn wir unseren Schwarm sahen, schämten uns aber es ihm/ihr zu zeigen. Man flanierte nicht, drängte sich nicht auf und litt dabei unsäglich. „Wer lieben will, muss leiden", sagten wir uns. Ein aufleuchtender Blick während einer flüchtigen Begegnung, eine Berührung mit der Hand, genügten für tagelanges Glück. Auch mit 18, als die Magenschmerzen noch drückender wurden, verliefen die meisten Liebeleien noch platonisch.

KdF oder die Pflicht zur Erholung

Sechs bis zwölf Tage Urlaub stand unseren Eltern zu. Wie wir ihn zu gestalten hatten, dafür sorgte die NS-Gemeinschaft „Kraft durch Freude", die mit dem Ziel gegründet wurde, uns eine „kulturelle Betreuung"

An Bord eines „KdF-Dampfers" gab es neben einem ausgefüllten Agitations- und Unterhaltungsprogramm auch Zeiten der Muße.

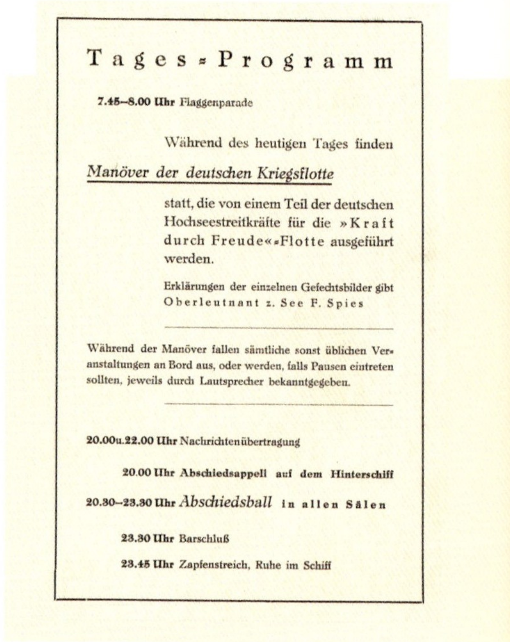

Tages-Programm

7.45–8.00 Uhr Flaggenparade

Während des heutigen Tages finden

Manöver der deutschen Kriegsflotte

statt, die von einem Teil der deutschen Hochseestreitkräfte für die »Kraft durch Freude«-Flotte ausgeführt werden.

Erklärungen der einzelnen Gefechtsbilder gibt Oberleutnant z. See F. Spies

Während der Manöver fallen sämtliche sonst üblichen Veranstaltungen an Bord aus, oder werden, falls Pausen eintreten sollten, jeweils durch Lautsprecher bekanntgegeben.

20.00u.22.00 Uhr Nachrichtenübertragung

20.00 Uhr Abschiedsappell auf dem Hinterschiff

20.30–23.30 Uhr *Abschiedsball* **in allen Sälen**

23.30 Uhr Barschluß

23.45 Uhr Zapfenstreich, Ruhe im Schiff

Tagesprogramm der Urlauberfahrten zur See.

zukommen zu lassen. Für uns bedeutete das Zirkusveranstaltungen besuchen zu können und an Bunten Abenden teilnehmen zu können. Kunst und Brauchtum überließen wir den Erwachsenen. In Sachen Zeltferien waren wir durch die HJ sowieso Spezialisten, und wenn es mit den Eltern in die Nord- und Ostseebäder ging oder in den Bayerischen Wald, waren wir die ersten, die abmarschbereit waren. Die mit finanziellen Mitteln unterstützten NS-Reiseunternehmen erlaubten es, dass wir mit unseren Eltern preiswert verreisen konnten – allerdings fast nur innerhalb der Reichsgrenzen. Die Reichsbahn bot billige Urlaubskarten an. Besonders vergünstigt waren Schulfahrten und Gruppenreisen. Zwar waren individuelle Reisen selbstverständlich möglich, doch die meisten von uns reisten aus Kostengründen mit KdF. Eine siebentägige Fahrt ins Siebengebirge kostete pro Kopf nur 28 Reichsmark (inkl. Verpflegung). Und wer von uns das seltene Glück hatte eine subventionierte Kreuzfahrt für 100 Reichsmark bis nach Norwegen oder Madeira zu ergattern, der hatte das große Los gezogen. Zwar wurden wir mit Fanfarenklängen geweckt und mussten auf diverse andere Propagandaaktionen gefasst sein, aber dafür durften wir die Kommandobrücke besichtigen. Im Speisesaal gab es nachmittags Kino, Hochsee-Olympiaden sowie Musik und Tanz.

Das Verschwinden der jüdischen Mitschüler

Im täglichen Zusammenleben mit unseren jüdischen Nachbarn wahrten wir trotz der Repressalien seitens der NS-Organe, insbesondere der SA, eine gewisse Normalität. Auch in der Schule waren Freundschaft zwi-

Mit antisemitischen Hetzplakaten wurden die Juden zu Untermenschen erklärt.

Äußerung zur Anzeige brachten. Den Spruch „Ab nach Dachau", empfanden viele nicht mehr nur als eine imaginäre Bedrohung. Etliche von uns waren Zeugen als 1939 immer mehr psychisch kranke Menschen zur „Behandlung" nach Hadamar, Bethel und anderen Anstalten abtransportiert wurden. Auf die Frage: „Wo wollt ihr denn alle hin?", bekamen wir zur Antwort: „Wir wollen verreisen!" Eine Reise ohne Wiederkehr. Gestorben an Lungenentzündung oder Herzversagen, so lauteten die lapidaren Mitteilungen an die Angehörigen, die für die Kosten der Behandlung und Einäscherung ihrer „kranken" Angehörigen auch noch aufzukommen hatten.

schen jüdischen und „arischen" Schülern der Normalfall, so dass wir das allmähliche Verschwinden der jüdischen Schüler eher mit Verwunderung registrierten, wir uns aber über die Folgen, die insbesondere nach der Pogromnacht vom 9. auf den 10. November 1938 verstärkt eingeleitet wurden, nicht wirklich im Klaren waren. Mit Irritation und mit Angst erlebten wir den Brand der Synagogen. Keine Feuerwehr kam, um die lodernden Flammen zu löschen. Stumm standen wir in der Menschenmenge herum, aus der nur vereinzelt unflätige Beschimpfungen drangen. Viele unserer jüdischen Nachbarn zogen weg. Zurück blieben demoliertes Mobiliar, aufgeschlitzte Betten, offene Türen und eingeschlagene Fenster. Unsere Eltern unterhielten sich nur noch im Flüsterton über die Ereignisse, denn niemand traute mehr dem Anderen. Überall lauerten Blockwarte und Spitzel, die jede kritische

„Reichs-Kristallnacht"

Am 7. November 1938 erschießt der 17-jährige Herschel Grynszpan in Paris den Botschaftssekretär Ernst vom Rath. Die Folgen dieser Tat sind unter der Bezeichnung „Reichs-Kristallnacht" bekannt geworden. In dieser Nacht vom 9. zum 10. November 1938 wird ganz Deutschland von einer Welle des Terrors gegen die Juden überflutet. In einer Mitteilung des Gestapo-Chefs Heinrich Müller an alle Staatspolizeistellen heißt es: „Es wird in kürzester Frist in ganz Deutschland Aktionen gegen die Juden, insbesondere gegen deren Synagogen stattfinden ... Es ist vorzubreiten die Festnahme von etwa 20 000 bis 30 000 Juden im Reich. Es sind auszuwählen vor allem vermögende Juden." Organisiert werden die Ausschreitungen vor allem von SA-Männern, die sich in dieser Nacht noch einmal schlagkräftig in Szene setzen können. Die SA, die einst so mächtige NS-Organisation, erfüllt ihren letzten „großen Auftritt".

Der Ausbruch des Zweiten Weltkriegs

Der Überfall auf Polen am 1. September 1939 beginnt mit einer Lüge: Um den Angriff zu legitimieren, haben SS-Männer in polnischen Uniformen einen Scheinüberfall auf den deutschen Sender Gleiwitz unternommen. Die seit langem an der polnischen Grenze aufmarschierten deutschen Truppen stehen bereits zwei Wochen später vor Warschau. Am 17. September überschreitet die Rote Armee die polnische Ostgrenze, um an der Beute beteiligt zu werden. Entgegen Hitlers Erwartungen, dass die Westmächte wiederum stillhalten werden, übergibt der britische Botschafter in Berlin die Kriegserklärung seiner Regierung. Der Zweite Weltkrieg nimmt seinen Anfang, der durch Hitlers Kriegswillen und Stalins Komplizenschaft ermöglicht wird. Anders als 1914 ist die Stimmung der Menschen auf der Straße eher gedrückt. Nur wenige glauben, dass dieses militärische Abenteuer gut gehen wird.

Mittlere Reife und Abitur

Wer für die „Auslese durch Leistung" nicht prädestiniert schien, um in eine der Eliteschulen der Partei aufgenommen zu werden, für den blieb ja noch die Mittelschule oder die Oberrealschule. Für letztere Schule, in die man nur nach einer strengen Aufnahmeprüfung aufgenommen wurde, fehlten den meisten Eltern allerdings die Mittel. „Fürs Abitur haben wir kein Geld" bekamen viele von uns zu hören, die sich statt Abitur auf eine solide Ausbildung in Handel, Handwerk und Industrie vorbereiten sollten. Auch wenn an den Gymnasien die Prügelstrafe tabuisiert, die meisten Lehrer kulturell emanzipiert waren, und Latein und Englisch ideologiefrei unterrichtet wurden, gehörte im Deutschunterricht fortan im großen Umfang die Weltkriegsliteratur zur Pflichtlektüre. Doch die haben wir auch auf eigene Faust in großem Umfang verschlungen. Mathematik und Naturwissenschaften wurden in den Dienst des Nationalsozialismus gestellt. Auch wenn viele von uns erleben mussten wie ihre jüdischen Mitschüler aus den Klassen verschwanden, wurde uns der Antisemitismus eher nebenbei nahe gebracht. Auch mit der Rasselehre war es nicht weit her, zumal die wenigsten Lehrer dem Idealbild des „nordischen Menschen" ähnelten. Dennoch wurden wir politisch programmiert, auf Gehorsam und auf Vaterlandsliebe getrimmt. Bei der Reifeprüfung hatten wir neben dem klassischen Stoff auch Fragen zur Nationalpolitik zu beantworten. Und nicht selten stand im Reifezeugnis Bemerkungen wie: „Von ernstem Streben, fleißig und zuverlässig."

Die deutsche Frau sollte arbeiten können, geistig und körperlich gesund sein.

Der Musterungsjahrgang 1923 trifft sich letztmalig in ziviler Kleidung.

„Glaube und Schönheit", RAD und Wehrmacht

Leicht und locker, frei und fröhlich, so sollte „Glaube und Schönheit" die Fortsetzung der 18-jährigen Mädchen im BdM sein, das die Lücke zum Erwachsensein und zur Mutterschaft schließen wollte. Im Klartext hieß das, gymnastische Übungen zu absolvieren, um die harmonische Bildung von Körper, Seele und Geist zu bilden. Für die jungen Männer standen Reichsarbeitsdienst und die Musterung zur Wehrmacht an. Im Dienst für den „Führer", der jetzt viele Soldaten für seinen Eroberungskrieg brauchte, meldeten sich viele freiwillig für den Dienst an der Waffe, tauschten das Braunhemd gegen das Feldgrau der Wehrmacht. Noch war die Heimatfront nur ein theoretisches Gebilde. Keiner von uns glaubte ernsthaft, dass einmal alliierte Bomberverbände unsere Städte in Schutt und Asche legen würden. Am 15. Februar 1938 wurde das Pflichtjahr für Frauen unter 25 Jahren eingeführt, die zum Dienst an der Ernte- und Hauswirtschaftsfront antreten mussten. Und wer glaubte, sich zwischendurch einfach mal fallen zu lassen, weil ihn die ungewohnte Arbeit und der streng geregelte Tagesablauf an die physische Grenze brachte, wurde beispielsweise im Reichsarbeitsdienst unsanft daran erinnert, gefälligst seine Pflicht für Deutschland und die Volksgemeinschaft zu erfüllen. Einfach und eintönig war unser Leben, fand zwischen Hunger und Sattsein, zwischen Wachsein und Schlafen statt. Wir arbeiteten. Wir schleppten Steine und Eisenträger. Wir schrubbten unsere Baracken, putzten unsere Stiefel, und in den letzten Tagen krochen wir als Soldaten im Dreck herum. Nachts schliefen wir mit 16 Mann in einem Raum. Uniformiert war seit 1933 unser Leben, und die Uniform sollten wir noch fünf weitere Jahre für Führer, Volk und Vaterland tragen – bis zum bitteren Ende.